逆转周期

一部计算产业的进化史

林雪萍 著

电子工业出版社

Publishing House of Electronics Industry

北京·BEIJING

图书在版编目（CIP）数据

逆转周期 ：一部计算产业的进化史 ／ 林雪萍著 ．

北京 ：电子工业出版社，2025. 1. -- ISBN 978-7-121

-49199-3

Ⅰ．F492

中国国家版本馆 CIP 数据核字第 2024R585Y4 号

责任编辑：王天一

印　　刷：中国电影出版社印刷厂

装　　订：中国电影出版社印刷厂

出版发行：电子工业出版社

　　　　　北京市海淀区万寿路 173 信箱　邮编：100036

开　　本：720×1000　1/16　印张：16.25　字数：206 千字

版　　次：2025 年 1 月第 1 版

印　　次：2025 年 1 月第 1 次印刷

定　　价：69.80 元

凡所购买电子工业出版社图书有缺损问题，请向购买书店调换。若书店售缺，请与本社发行部联系，联系及邮购电话：（010）88254888，88258888。

质量投诉请发邮件至 zlts@phei.com.cn，盗版侵权举报请发邮件至 dbqq@phei.com.cn。

本书咨询联系方式：wangtianyi@phei.com.cn。

推荐序
FOREWORD

在我1978年即将步入大学校园之前，中国农村尚处于人民公社时期，我曾当过近一年的生产队会计。那时候，打算盘是会计的基本功，我打算盘的技能只能说凑合，当时非常崇拜算盘打得好的人。上大学后，我们有门计算机课，第一次看到计算机，安放在一个有三四十平方米大的房间里，神神秘秘，进去的时候还得脱鞋换鞋套。1991年我在牛津大学读书期间，买了第一台PC（个人电脑），从此之后，一台又一台，我就一直在电脑上写文章、算数据。最近回到老家榆林，参观了一个算盘博物馆，里面展出了两万多件各种各样奇形怪状的算盘，是当地一位企业家用了数十年的时间收藏的。算盘，这个两千多年前的伟大发明，如今只能在博物馆里看到了！

过去的四十多年，中国经济经历了前所未有的快速发展，并进入数字经济的繁荣时期。这得益于中国从全球信息技术大爆炸中所获取的能量。今天，人类文明的方方面面，已经被这轮技术升级构建的新秩序所重塑。我们这代人非常有幸，成为这段波澜壮阔历史的见证者。而中国PC产业的崛起，是这场宏大叙事中最耀眼的篇章之一。

IBM于1984年推出全球第一款兼容PC，计算机开始走向大众。过去几十年，计算机产业竞争激烈，经历了广泛的并购，PC的品牌一个接一个的落幕。那些吃掉了其他品牌的并购者，往往也成为新的猎物。而联想集团则通过收购IBM PC成为全球的佼佼者，与惠普、戴尔成为PC行业的常青树。

以此为剖面，也可以看到中国企业在全球重要产业所经历的角色变化。从早期的技术引进和模仿，到自主研发和品牌建设，再到国际市场上的崭露头角，每一步都充满了挑战与机遇。2022年全球约80%的PC都在中国生产，中国成为全球重要的PC引领者。

中国PC产业的成功，使中国企业在全球价值链中的地位显著提升。中国企业积极参与各种标准制定和技术交流，为推动建立更加公正合理的国际经济新秩序贡献着自己的力量，这无疑是中国全球影响力增强的一个缩影。

很高兴研究全球产业的林雪萍从PC变迁和企业发展的双重角度，将这个缩影还原成这本《逆转周期：一部计算产业的进化史》。作者通过对PC行业数十年发展历程的深入研究，为我们展现了一幅生动的产业变迁、行业竞争的画卷。我熟悉林雪萍，他对各种产业的演变有着浓厚的兴趣。这本书在一条严谨的时间轴上，将计算机产业的变化徐徐展开。PC行业并非一帆风顺，它经历了多次兴衰更迭，每过一段时间就被IT新兴的力量所唱衰。但PC行业呈现了异常抗跌打的能力，每次危机都孕育着新的机遇。特别是近年来，随着云计算、大数据、AI等新兴技术的兴起，计算力再次成为推动社会进步的关键力量，PC行业也因此迎来了新的春天。

这本书，不仅对PC产业的发展进行了深入的观察，也描述了IT行业起起伏伏的企业风貌。这个行业曾经崛起了很多品牌，也吞噬了诸多时代的科技明星。计算机产业的风云史，就是一代一代企业家的创业史和创新史。新的品牌能够替代旧的品牌，新的企业能够取代老的企业，都是企业家精神作用的结果，是人类创造力的表现。企业家精神本质上是具有竞争性的，世上没有常胜将军，也没有不死的企业。

感谢柳传志先生，他是一位杰出的企业家。没有他就没有联想；没有联想，计算机产业的叙事会不一样，中国人的生活也会有所不同。也很高兴看到杨元庆先生接棒，带领联想集团从中国走向世界，将中国科学技术产业放进了全球市场竞争格局之中，今天的联想集团也成为中国跨国企业的标杆。

PC产业是一个高度国际化的产业，所有的竞争都在全球版图上展开。当下有越来越多的中国企业正在走出去，出海参与全球竞争。PC曾经历过的全球化往事，对它们有着积极的借鉴意义。

张维迎

北京大学国家发展研究院教授

全球化已进入一个全新的时间节点，各国都在争抢制造业的主导权。美国大力推动把工厂带回本土的"回岸制造"，印度尼西亚借助丰富的矿产资源全力发展电动汽车全产业，而印度则通过宏大的国家计划，意图强化"印度制造"。这些竞争最后都将发生在每一个行业、每一家企业的商业战壕之中。而跨国公司自然成为一种先锋力量，在全球的每个角落里都有其对抗的足迹。万象纷杂，我们需要找到这样一个参照物，通过它既能看清全球化的真实面貌，又能看到企业浮沉背后的国力较量。很幸运，我们找到了这样一个穿越周期的典范。

全球化的钟声

如果有一种产品，尽管经常被看衰，却一路坚强地活下来，而且越活越好。那会是什么？

如果有一个行业，从全球各个地区陆续崛起，并且见证了全球化体系摧枯拉朽的荡平之力。那会是什么？

如果有一门生意，看上去平淡无奇却构建了最坚固的堡垒，三家头部企业在十余年时间里市场地位稳如泰山。那会是什么？

如果有位"贤者"，能够看清楚人工智能是一场国家之间超级算力的对抗与消耗，且只有中国和美国能够从中胜出。那会是什么？

答案是：PC（个人电脑）。

PC是人类复杂情绪的投射体，它引发了很多反应不一的评论。但这些看似被深入讨论的话题，依然有着巨大的片面性。在长周期的时间轴上，这些话题还有着更加深远的意义等待被挖掘。

在当今全球制造大变局之下，至少有三个问题需要我们去回答：当新产业不断涌现时，原有的产业依靠哪种力量自我更新并继续发扬光大？当跨国企业进行全球范围扩张并清扫本土化品牌时，一家本土企业要如何在全球舞台上赢得自己的生存空间？对于中国企业而言，在当下地缘政治复杂的变局之下，如何真正成为一家全球化公司？

PC为我们提供了回答这些问题的全部视角。PC产品本身、所在行业以及其代表性企业，几乎凝聚了所有的企业战略主题。而在一浪高过一浪的周期性生存挑战中，穿越周期成为PC最具魅力的旋律。

周期性的覆灭力量

20世纪80年代初，IBM的兼容机开启了PC向大众普及的时代。在四十多年的时间轨道上，PC从高科技小众化的科学计算工具，逐渐变成个人最得力的生产力工具。

IT行业是工业史上变化速度极快的行业之一，它的快速迭代，是建立在芯片的摩尔定律之上的，每一年半就会形成新的算力周期。从来没有任何一个行业经历过如此巨变。而PC却不断改换形态，在这样的惊涛骇浪中勇往直前。

IT行业经历了大型机与小型机、PC、互联网、移动互联网、云计算、ICT融合和通用人工智能（AGI）等不断涌现的超级周期，这些更迭的周期造成了很多产品的淘汰。每一个这样的IT浪潮，看上去都有可能会对PC形成致命的打击。

2000年的互联网虽然抢走了PC的风头，但实际上也加速了PC的普及。之后智能手机的出现，又分走了PC带给人们的部分娱乐和生活功能，但PC却越发成为一种不可或缺的生产力工具。新冠疫情期间，居家生活让混合办公模式大行其道，PC强化了视频和音频的功能，成为混合生产力的关键代表。而当以ChatGPT为代表的人工智能取得巨大突破的时候，这些大模型也开始进行蒸馏裁剪，促进AI PC的崛起，后者的硬件算力需求则被进一步拉升。可以说，在每一次浪潮中，人们都过于轻易地看衰PC，给它贴上"PC已死"的标签。然而，这个不断被贴上、但从来未实现的标签，却见证了一个产品最顽强的生命力。

PC行业是一个容易遭受误解与批评的行业。这个行业的毛利率很低，通常在20%以下，乍看起来不像一个好的商业模式。而它的制造能力，也因为大量存在的"代工制造"模式，总被人们误认为无足轻重。

这些先入为主的观念往往夹杂着个人情绪，而掩盖了商业本质的驱动力。PC产业经过全球化的洗礼，已经形成了固有的商业模式。虽然这个行业毛利率很低，但它的现金流非常好，这让它有着很大的灵活性，能够从容应对外部的挑战。而其要依靠大规模制造能力的特性，其实是一种非常高的进入门槛。合肥的一家电脑工厂，在订单高峰期每天要制造20万台笔记本电脑。规模近3亿颗的庞大物料体系，以一种精准的生产节拍在运转。每天定期穿梭的卡车，将不同数量的电路板、金属件等物料卸在厂房的某一个角落。而这些物料则又马不停蹄地赶去车间的某一个工位，在那里与其他刚刚运送到的物料准时相遇。这中间大量的订单变化，也决定了不同产品相遇的时间。

尽管在当下很多人的眼里，PC早已失去了科技焦点的地位，不再像电动汽车、手机那样动辄就能激发人们的情感，然而，这习以为常的产品，却凝聚了强大的商业动力和尖峰制造技术。

急剧地收敛

全球化是PC产业的另一重要特征，没有其他任何一个舞台能够如此清晰地感受到全球化的张力。PC见证了全球化体系的诞生，而芯片一直处于这个体系的心脏位置。PC在相当长的时间里是推动芯片发展最重要的行业。芯片、软件、电路板在各大洲之间进进出出，穿越不同地区，建立了全球化商业动脉。企业家之间的较量，也构成了经济网络的一部分。

然而，PC行业一直在以激烈对抗的方式决定行业玩家的去留。

在IT行业发展的过程中，一波又一波的计算力超级周期成为波浪形的毁灭力量。跌宕的行业变化，使得PC行业的玩家总是处于一种面临被清洗的状态，大量的PC公司转瞬间升起又落下。

1985年的四通公司以电动打字机风靡一时，使中文词语处理形式进入了电脑时代；美国NCR从取款机业务切入到电脑业务，最终还是回到银行零售软件业务；1997年乔布斯回归苹果公司的时候，NCR正在由董事会四处寻找买家；IBM创立了兼容PC，却保不住PC业务以及x86服务器业务，因为它的高成本基因与低利润的PC特性不适配；康柏从鼎盛的1998年到2001年被收购，不过4年；长寿的惠普一直在变换业务的形态，从最早的测量仪表、小型机业务走向服务器、网络设备业务，其PC与打印机业务还在不断拆分；戴尔以引人瞩目的定制化模式，高速领跑整个行业，期间进行了大量的并购，但创立者几乎被赶出自己创立的公司，最终通过退市才保住了自己的企业，并且东山再起；英特尔看似一直是幸运的胜利者，但即使在它最风光的时候，也无法摆脱AMD公司的紧追不舍，而在AI时代来临的关键时候，它只能活在从来不被其放在眼里的英伟达的光环之下；即使是强大的微软，当人们有了iOS与安卓操作系统，也不再需要微软的第三套操作系统，微软虽然在最后一刻抢到了云计算的船票，但在此之前则已显露出蹒跚老态。

这些眼花缭乱的商业主角的经历，是在其他行业难以看到的宏大现场戏。几百家PC公司，曾经都是来历不凡、令人瞩目的科技明星，但是经过几十年的洗礼，只剩下最重要的三四家头部企业。相比手机行业，PC行业的垄断之势更加明显，甚至横扫一切本土品牌。在不同的国家和地区，往往存在许多本地化的手机品牌，但在PC行业，全球市场只有六七个主要品牌，前三名更是占据了近60%的市场份额。在不同的国家和地区，都能找到这三种品牌的产品。PC的全球化填平了本地化的鸿沟。

这个市场，为何总是在寻找一切可能性去实现品牌出清的机会呢？我们希望从历史中获得答案，并找到思考未来的线索。中国电动汽车、动力电池、光伏等领域已处于全球领先地位，这是中国国运的一部分。如何将这种中国制造、中国品牌的优势保持下去？二十年以后，蔚来汽车、宁德时代、天合光能这些当下的佼佼者，是否依然会是全球化的主导性力量？

PC提供了这样一个洞见未来的样本。标准化是一种巨大的技术驱动力量，而寻求大规模经济性则带来了锋利的成本剃刀。在PC行业曾经群星闪耀的时代，上升速度最快的戴尔，只采用英特尔的芯片，只相信标准和规模，它的理念"绑架"了整个PC行业的发展模式。在这辆闪电飞驰的战车上，每个国家和地区的每家PC企业都采用了相互镜像的战略。

成功引领PC穿越周期的企业，需要在战略的攻与守中找到合适的平衡点，兼顾创新和防守，成为避险大师。这些无与伦比的清场力量，造就了穿越周期的企业。PC市场上建立了大宗商品式的寡头垄断模式，并形成了联想、惠普和戴尔三家企业领先的稳定格局。这些穿越周期的企业建立在三个条件之上：足够大的单一本土市场、全球化布局和业务多元化。

人们有同样的疑问，电脑和手机有什么不同，导致呈现了不同的品牌分布结果？看上去手机行业也在追求芯片和操作系统的标准性，也在追求规模生产效益，可为什么PC行业却留下了更少的品牌数量？从某种意义上说，这是由PC的公私两用属性所决定的。手机是一个消费品，它是明显的私人用品；而电脑在保留私人属性的同时，还肩负着办公用品的职责。

PC是一种极其特殊的两栖类生产力工具，它既可以是个人设备，也可以是商务设备。这使得PC呈现出与家电、手机等个人化倾向完全不同的品牌认知力。一台笔记本电脑很容易在生活状态和工作状态之间切换。PC承载了人的双重使命：更好地生活、恰当地工作，这使得PC同时具备消费品（2C）和企业品（2B）的双重面孔。如果作为消费者的个人对产品满意，这种个人体验也会带到工作中去，进而会改变企业采购PC的习惯。PC的双重属性，使得它的销售组织变得异常复杂，而这往往是一个被忽略的隐形门槛。当人们习惯于以科技属性来评判一家公司的时候，公司驾驭复杂组织和抓住用户的能力也往往被忽视。

每一种产品都可以留下传记，构成一条历史的走廊。走廊有长有短，而PC的传奇几乎可以解释一切与管理、战略相关的重要话题，也是串起全球化故事的最佳线索。那些PC企业在各个国家决定胜负的战役，则暴露出全球化残酷的一面。无法穿越周期的企业逐一退出市场。在PC的历史博物馆里，沿着时间轴的走向，人们会逐一识别出那些被埋葬的品牌，它们就像一层又一层的厚土，形成了时代断裂层的记忆。

样本的价值

人们总是能找到稀缺的样本，保留所有的记忆。

在感受岁月的沧海桑田之时，需要一种跨越时间尺度的标定物，去记录历史上那些跨越亿万年的变迁。考古学家需要在同一地点的不同断裂带上，感受不同地理叠层所代表的地球记忆。半衰期将近6000年的放射性同位素碳-14，以其稳定的表现成为考古学家和地质学家最得力的标杆工具。它提供了稳定的视角，帮助解释当前所有的谜团。

如果说，有类似碳-14这种极稳定的信物，见证了IT行业发展，那非COBOL语言莫属。这种1959年面世的编程语言，至今仍然在90%的金融场合使用。从COBOL语言诞生至今，也有大量的其他编程语言出现，从科学计算机语言Fortran，到C、C++与Java，再到如今的Python。然而COBOL语言的江湖地位稳如磐石。金融是对安全要求极高的生态系统，一代代金融IT人的传承与共同记忆，使得COBOL语言一直无法被替代。

同样，如果将考古学亿万年的生命周期压缩到战略管理的四十年，人们同样需要一个稳定的战略标尺。按照时间维度，对于任何一家企业战略价值持久性的判断，四十年是一个合适的长度，代表着一家企业持续发展的能力，代表着两代人的记忆。

我们找到了一家这样的公司。它多年来一直稳居全球市场份额第一，它从中国出发，成长为一家高度全球化的企业，它经历了多次反复后确立了有机多元化业务，它将AI视为一种企业信念，以

"智能化"作为业务的全部。几乎当下所有公司要面临的发展问题，它都经历过。每个企业都可以从它的发展印记中，看见历史与未来的交界点。

它，就是成立了四十年的联想。

在中国，联想就像是快速叠层覆盖的IT断裂层的对照物，忠实地记录了PC这个行业的周期性重生和全球化变迁的历程。它的命运并非是提前设定的，与同年创立并立志做最强PC公司的戴尔不同，联想一开始并没有直接生产电脑，而是在成立六周年时才第一次获得生产PC的资格，并在成立十周年时明确了"分销渠道"策略，而此时戴尔已经是美国PC界呼风唤雨的明星。在联想成立二十周年的时候，联想并购了IBM的PC事业部，当时很多人觉得这样的交易不能持久。而联想也的确经历了好几年的颠簸前行，才真正消化了全球化所带来的文化冲突。在它成立三十周年的时候，联想的业务从生产单一PC产品扩展到基础设施与软件服务。在其成立四十周年的时候，联想从一个IT的重度使用者发展成为智能化技术的输出者。这一路的变迁，有着太多的不确定性，每一个不确定性都可能是一个陷阱，都具有埋没品牌的力量。

在中国甚至全球的商业发展史上，也许再也找不出第二家企业像联想这样，被国民注入了诸多复杂多样的情感。这种复杂情感往往源自一种蒙太奇式的认知，人们容易在时间轴上穿梭，将不同时间段的题材裁剪和粘贴在一起。这种情感会因此变得复杂，有时甚至远离真相。过于沉浸于现代主义的立场，就容易关闭通向历史走廊的大门，这会导致集体记忆的消失和历史虚无主义的兴起。

真正的焦点是，一个企业何以能够穿越周期，成为不同时代的不倒翁？在这方面，联想用四条短横线连续性地勾勒出一个奋斗者的轮廓：本土化、全球化、多元化和智能化。这四条短横线，实际上代表了所有企业奋斗历史的合集。当中国PC品牌几乎被外部品牌全部清扫出局的时候，联想用计算力的时间差完成了本土化的逆袭。它在收购全球PC鼻祖之后所经历的国际化的冲突与磨合，对当下中国制造出海具有强烈的样本意义。在它登顶全球第一的时候，业务多元化对于追求持续增长的公司来说，则是不可回避的主题。而当AI时代来临的时候，一家企业究竟需要多大的勇气才能真正将业务完全嵌入到智能化之中。这背后往往意味着组织的重组与再生。

所有的这些变化，整体而言都要经历遍体鳞伤、带伤求战的过程。从企业存在的长周期来看，每家企业都需要经历这样的蜕皮再生过程。走近联想，对于每家企业而言，都能找到与自己心房共振的节拍。

章节导航图

这是一部关于反省与成长的技术商业史，它试图激发读者对未来的想象力。IT技术层出不穷，各个IT公司在历史舞台上如走马灯般交替。在目前所有出版的关于IT行业史的书籍里，可能没有一本书，试图将不同的技术路线、不同的公司、不同的IT波浪周期，用稳定的视角进行记录。本书就是这样一次大胆的尝试，就像一个长焦镜头，一镜到底，使人看见一个真实完整、不加切换的世界。跨越时间的沉淀和对长周期的洞察，正是本书试图带给读者的体验。

本书描述了这样的共振时刻：一家企业如何挣脱行业周期的覆灭，抵御全球化的拼杀，以及在持续迭代的浪潮中穿越周期。

本书用PC的视角来描述IT世界的变化，覆盖了联想、IBM、戴尔、惠普、微软、英特尔、英伟达等重要的战略角色。它试图解读当历史画轴展开的时候，那些赢家的痛苦、思考和重生。

书中描述了四十年的周期，大致包含了五个部分，代表了不同的算力周期——尽管这些周期也有重合叠加的部分。

第一部分是从1984年第一台真正意义上的兼容PC出现开始，到1994年结束。这一时期，计算机行业百家争鸣，精彩纷呈，PC成为高科技的宠儿。本部分重点讲述了IBM开启的兼容PC时代在全球的发展，以及IBM如何建立了一种悖论式的"非IBM繁荣的繁荣时代"。开创人机界面先河的苹果电脑，则从一开始就以一种特立独行的方式，成为PC行业非主流派的主流玩家。

第二部分是1995—2006年，这是互联网的兴起、诱惑、毁灭与再生的时代。PC行业经历了全新的成长和冲撞，新生事物层出不穷。互联网则夺取了PC的焦点位置，成为舞台的中心。面对互联网的诱惑，没有一家企业能够抵挡，唯一的差别就是在互联网泡沫之后，谁能损失得更少。互联网的繁荣与泡沫所引发的关注，掩盖了另外一个轰轰烈烈的事件，那就是PC行业开始全球化洗牌。耀眼的品牌一个接一个落幕，PC的全球化特征则变得越来越明显。

第三部分是2007—2014年，这一时段是移动互联网统领的时代。这个时代关乎移动计算力的形态之争，也是PC在全球疆土分布的最新一次确认。智能手机、上网本、平板电脑等都在挑战PC作为个人算力的统治权。笔记本电脑的轻、薄、翻转等形态变化纷纷涌现，吸引人们的关注。当消费者PC市场终于超过商用机市场的时候，PC成为科技大宗商品化的代表。它跨越了国家的界限，世界上只有中国和美国能够容得下属于国家阵营的PC品牌。在这段时间内，联想建立了全球化的架构，并成为全球第一。随后，它毫不意外地推动多元化进程，在服务器和手机业务上全线推进。

第四部分是2015—2021年，这是云计算与企业服务开始兴起的时代。云计算由来已久，但只有亚马逊将其作为一门地地道道的大生意，并且超越了微软和谷歌的统治力。而微软在落后的情况下，也终于扳回了一局。联想、惠普、戴尔这三大PC巨头则需要围绕云施展自己的服务能力。新的分歧点出现了：惠普分拆了企业服务部分，戴尔进军存储和虚拟化业务，而联想则在手机、算力基础设施之上孵化出提供软件服务方案的业务。它们将IT从企业成本中心变成研发中心，呈现了企业战略中极具攻击性的一面。在全球新冠疫情期间，人们有机会看到，PC在危急时刻更容易变成刚需。而拥有强大的制造能力，则是PC企业的核心竞争力。

第五部分则开启于2022年，人工智能时代的来临。ChatGPT引燃了AI生产力，看上去它具有双重动力，对企业和个人都可以实现极大的效率提升。"智能化"呈现了两个不同的方向。第一个方向是企业如何进行智能化转型，这是联想寻找的第二成长曲线，是在PC业务基础上建立的完全不同的IT服务能力。联想的尝试是独一无二的，虽然与以往的PC业务差别巨大，但驾驭这种平衡也是多元化公司的制胜之道。第二个方向是AI与PC的深度融合，将可能重新定义个人计算机。一旦PC这样的生产力工具能够通过大模型、AI智能体升级到人类的数字分身AI PC上，那么AI+PC将是PC有史以来最重要的革新。PC将决定性地从以前的电"算"，升级到电"脑"，从而成为人们的得力工具。服务器算力支撑着AI大模型在云端的训练与部署，PC则成为AI重要的前沿驻守地。PC、服务器是宇宙算力的两个关键支柱，PC也因此可能恢复其巅峰时代的活力。

PC行业逆转了迄今为止所有的看衰周期，保持着基石产业的鲜活形态。它也有足够的吸引力让行业玩家乐在其中，即使是排行"千年老四"的苹果电脑，也从未离开这个行业。如果没有足够的诱惑力，苹果也不会长期留在这个赛道。而每家公司也生存在到处是暗礁密布、挑战不断的商业环境中。迈克尔·戴尔作为戴尔公司的创始人，居然差点被赶出自己创立的公司。这些企业所呈现的战略冲突和战略演进的历史，以及正在AI时代探索的战略勇气，让人动容，也值得仔细琢磨。在当下全球化2.0的时代，对于意欲远行的中国企业来说，PC企业的多彩生命经历可以提供完整的前景预测图。

PC，时而让人深刻感受到其不可或缺的重要性，时而让人不经意间淡忘了它的存在，但无论何时，它都是人类通向世界最得力的界面。PC是全球化最重要的商品之一，人们通过PC这样的工具，与遥远的人和地点建立了难以割舍的关系。PC是数字基础设施最重要的担当，它有着大宗商品的基石作用。在日常生活中它呈现出了稳定的商品作用，而在一些特殊危险的时刻，它的社会性支撑价值又会突然放大。这些昔日引人尖叫的公司，如今洗尽铅华却依然精神抖擞。人们将用何种心绪来面对这些老面孔的年轻态企业？

　　本书试图记录一个磅礴多彩的时代叠层形成的过程，而这些叠层之间则夹杂着毁灭的力量和品牌的坟墓。对于笔者而言，写作期间充满了对品牌对象多样性的艰难辨识，对不断切换的技术时代的驾驭也颇费周章。书中难免存在难以细究的历史细节和可能的疏漏之处，也请读者多为原谅。

林雪萍

目录
CONTENTS

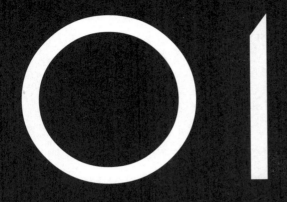

只有一个宇宙中心

计算机从诞生之日起就是科学家的工具。计算机硬件和软件紧密地绑定在一起，制造者和使用者往往都是顶级的科学家和工程师。而IBM公司从一开始就几乎包办了一切与之相关的硬件和软件。当时，IBM公司认为，世界上只需要五台计算机就足够了。

1.1 一种兼容的思想

　　计算机最初是为国防服务的，这是军工科学家的阵地。第一台真正的通用电子数字计算机ENIAC出现在1945年。这台采用笨重的电子管制造的机器，是第二次世界大战期间受军方资助用来计算炮弹的弹道轨迹的。这台计算机的编程其实就是靠设置6000多个手动开关完成的，而完成所有开关组合的插线员就是编程人员。这些编程人员基本都是女性，她们要像设计者一样了解机器。ENIAC的两位设计师在随后的研究中，同冯·诺依曼一起设计了此后计算机的架构：存储与计算分离的逻辑计算结构，以及硬件与软件分离。后者形成了两个全新的工程学科：计算机体系结构与软件工程❶。

　　与现代计算机同宗同源的晶体管计算机，则在约十年后由贝尔实验室研制出来，订单来自美国空军部。不妨说，计算机一开始就是作为国防武器的一部分而开发的，从设计人员到制造人员都来自高级实验室的圈层，使用者也是知识渊博的科学家。

---

❶　托尼·海依，奎利·帕佩. 计算思维史话[M]. 武传海，陈少芸，译. 北京：人民邮电出版社，2020:p6

从计算表格的制表机开始，IBM进入计算机领域并开启了计算力的时代。在这个时代，IBM垄断了大型计算机的市场。市场上还有活跃但市场份额小得多的七家公司，与IBM在一起，被称为"IBM和七个小矮人"。这其中既有美国通用电气（GE），还有来自ENIAC设计者离开大学后创立的公司（被收购并以UNIVAC计算机而知名），也有为海军计算机服务的美国无线电公司（RCA）。但市场上，基本只能看见IBM的身影，其他公司都是寻找市场缝隙见缝插针。IBM已经跳出大型机计算机公司的竞争对手层面，而是成为大家必须依赖的环境。每个领域的产品都是围绕IBM展开的。

IBM取得了如此大的成功，自然也率先遇到了来自市场端的困扰。大型机时代的初期是一机一系统，各种计算机都有不同的软件版本，每种机型都有不同的生产线和专用元器件。在这个大型机时代，IBM准备了至少2500种电路组件。这些版本相互不兼容，销售人员只能来自专用团队，无法为其他细分机型进行销售。而软件问题则更严重，多种机型和多套软件的相互组合带来了巨大的负担。

如此大的差异性让销售和服务都成为巨大的成本包袱，即使是IBM也吃不消。由于IBM的很多软件都是捆绑甚至赠送的，这在给竞争对手设置极高技术壁垒的同时，也让自家的维护成本居高不下。

让各种部件、外部设备和软件进行相互兼容，是一个看上去正确但耗资巨大的方向，这正是1960年IBM的决策层下定决心要解决的事情。管理层决定改变既往修补机型的做法，开发一种可以将IBM多种不同的计算机系统统一起来的System/360计算机。这次研制耗资高达50亿美元，是一次孤注一掷的押宝，最终在商业上大获成功。用户终于可以通过选择性的兼容配置来满足不同的需求。而"向后兼容"的特性使得新型计算机能够运行老款机器的软件。IBM有了统一的大型机操作系统OS/360，而商业上对System/360计算机日益扩大的需求也使得IBM在计算机市场上独步天下。

System/360计算机上市三年，IBM人员增加了50%，达到25万人，而销售与租赁的收入则达到50亿美元。到20世纪60年代末，IBM已经占据大型机市场的四分之三。市场上的存活空间有限，通过并购形式，当初的"七个小矮人"已变成五个。由于System/360计算机价格高昂，动辄上百万美元，而且IBM无心降价，这使得System/360计算机就像一把高耸的价格保护伞，小矮人们虽然可以存活下来，但也就是勉强维持业务而已。美国无线电公司和通用电气正是在这样的背景下将自己的计算机部门出售给了其他小矮人，世界变得更加冷清了。

此前没有一款产品能够如此深刻地改变行业的命运。System/360是IBM制造的计算机，转而成就了IBM。从更长远来看，它也塑造了计算机行业的特性。

System/360计算机的外设和软件的标准化与兼容性的概念带来了一个令人意想不到的变化。日本富士通、日立、德国西门子都开始建设与System/360计算机相似的体系结构。既然不必重新设计整套复杂的结构，那么降低成本就成为企业重要的关注点。这也让大型机或者小型机的利润开始下降，IBM的利润也受到一定的蚕食。而且IBM的系统集成知识开始扩散到行业内部，减少了人们对IBM的依赖。尽管IBM依然是王者，但其成功的秘籍已经传到了"江湖"。

并非所有的机构都能承担如此高昂的产品购买费用，而微处理器性能的不断发展改变了这一面貌。美国数字设备公司DEC将复杂指令集（CISC）的芯片成功商业化，从而发明了易操作的小型机。小型机看上去是大型机的一个次等替代品，处理速度要慢一些。但小型机拥有规模化生产和低价格的特征，使得它有足够的市场渗透力，逐渐接近大型机市场。一种新的商业模式被开创出来，计算机硬件本身可以被单独出售，而购买者会重新编写软件再进行出售。这是在IBM大型机之下生长出来的一股小型计算机势力。

　　DEC开启了小型机市场，并且有节奏地冲击着IBM的大型机市场。以测量仪器起家的惠普公司也加入了小型机的追随者行列，但当时还远没有成为一个显著的参与者。实际上，惠普是被推进计算机时代的。1972年，惠普推出第一台通用计算机HP3000小型机。而在更早之前，惠普本来有机会以2000多万美元收购日后崛起的DEC，但最后还是决定自己开拓计算机业务。此后，惠普取消了本来有可能研发出第一个32位计算机的项目，这展现出惠普早期成功之后对计算机新技术的谨慎。到了1978年，惠普的计算机产品收入还不及"五个小矮人"中最小者的收入的一半。而惠普发布的小型机也备受三个不同16位计算机系统的不兼容性困扰。直到1980年，其创始人才下定决心让惠普成为他曾经想避开的计算机行业的领导者。就计算机市场而言，惠普是一个半路出家者。

　　无论从哪个起点出发，计算机的制造商们都会逐渐发现，兼容性是计算机企业保持持久领先地位的关键法则。兼容性就像是百米赛跑的终点线，领先者会率先撞线并接受"兼容计算机"的概念。

1.2 商业的觉醒

　　在大型机、小型机时代，主导计算机行业的其实只有一种模式，那就是"IBM模式"。在这种模式下，硬件、软件乃至一切，包括芯片、硬盘、附件、操作系统、中间件和各种应用等，都被整合到IBM计算机上。宝贵的算力和稀缺的存储资源使得硬件无比珍贵，而软件只能依附硬件而存在，很难称得上一个独立的产业。而且，这看上去也是一个枯燥乏味的科学计算的市场，整个市场都在围绕着IBM运转。

　　然而，新的商业市场也开始出现。来自四面八方的先驱如同盗取天火的普罗米修斯，开始将这些计算机推向更广阔的商业化市场。

　　1977年，个人计算机开始扎堆出现，它们从三个不同的方向汇聚而来。这三家公司推出的计算机皆带着制造商自身的明显烙印。计算器公司康懋达（Commodore）推出的计算机更像是计算器的延伸线，它的输入设备仍然是一个大号的计算器，而非专用终端键盘；老牌电子游戏公司天迪（Tandy）推出的计算机则很便宜，而且使用电视机作为屏幕，这是既有游戏线的延伸；此前一年成立的苹果公司推出了直接面向计算机爱好者的苹果II型号计算机。这是一种有趣的思维脑洞，个人计算机可以像家用电器一样使用，这与过去一直高高在上的用于科学计算的大型工具完全不同。这背后，英特尔和摩托罗拉的微处理芯片起到了关键的助推作用。

苹果II型号计算机作为个人计算机的典范，取得了巨大的成功，尤其体现在商业思维的觉醒方面。苹果的成功让人们认识到，个人计算机产业也是一个值得挖掘的产业。但苹果的市场份额依然非常小，生产大型主机和小型主机的企业依然是行业的主导者。这些公司对个人计算机持有的不屑一顾的看法，一半是因为技术上的傲慢，另一半是因为公司传统的基因。销售一台大型计算机需要复杂的销售能力。专业销售人员已经习惯于消耗大量的时间成本来面向科学计算的用户，最终实现一个大订单。如果用这种方式来销售个人计算机，显然是非常不划算的。当时，个人计算机甚至被看成"骗人的把戏"，而苹果的存在也只能算是回击这种攻击的一个例证。除此之外，市场并没有显得更大。面向个人计算机的产业看上去依然是一个可有可无的细分市场。

此时，IBM已经改变策略进入了小型机市场，这挤压了小型机鼻祖DEC的市场份额。DEC可能向上仰望市场的时间有些太久，在紧张应对IBM的挑战时，并未重视计算力弱得多的个人计算机。DEC的创始人认为，"个人计算机在商业上将会栽跟头"。

这种看法并非个例。尽管惠普公司也推出了面向个人的计算机HP-85，但公司重点依然是小型机。HP-85是以苹果II型号计算机为参考的商品，仍然以科学家为目标用户。尽管迟到了三年，但在当时它依然算是行业的领先者。不过其最大的弊端在于采用了封闭式的自研芯片，错过了英特尔的8086处理器，这成为一大遗憾。而软件和外部设备都自行研发，使得惠普丧失了原本可与苹果II型号计算机一样兼容第三方软件的灵活性。施乐公司则推出了豪华配置的个人计算机，高昂的售价与个人计算机市场的价格要求相去甚远。而施乐打算通过它的1.5万名销售员工来销售计算机，这仍然是一种传统大客户的销售模式。很多人尚未注意到的是，在计算机专卖店的货架上已经悄然摆满了计算机产品，它们正在吸引越来越多的消费者。计算机可以像电视机一样买卖，而不再需要身怀绝技的销售人员去进行一对一的销售。

人们从潮湿的空气中预感到风暴的来临。这么微弱的信号居然被流程烦琐的大型公司IBM捕捉到。IBM感觉到了科学计算之外的需求，决定将计算机引入商业化领域，大幅度降低成本自然成为第一要务。

为了降低大型机和小型机昂贵的开发成本，IBM打破过往全部自主开发的惯例，第一次采用了外包的体系。IBM采用了英特尔第二代的16位286芯片，而操作系统则委托微软进行开发。

微软的操作系统开启了计算机操作系统发展的新篇章。在大型机时代，一机一操作系统的模式已经成为过去。小型机崛起的时代，从贝尔实验室流传出来的分时操作系统UNIX成为操作系统的典范。但是，这些操作系统都过于复杂。在个人计算机早期，最有代表性的操作系统为CP/M-80。微软在接到IBM PC的订单之后，购买了这个操作系统并开发了自己的MS-DOS操作系统。

1981年，第一台个人计算机IBM PC正式亮相，几乎让所有人都大吃一惊。在大型计算机厂商中，IBM很少参与竞争，它更像是一个大家必须接受的事实。作为一个潜在水底的庞然大物，些许露出水面的部分就是其他计算机周边产品所服务的全部。人们已经习惯于看到一体化制造体系的IBM。而这一次，IBM PC完全没有延续IBM常规的自研风格，而是从内置芯片、操作系统到应用软件，基本都是由第三方所提供的。

针对这款产品的销售，IBM也采用了跟此前完全不同的渠道。作为IBM最廉价的一款计算机，它是通过计算机零售商来对外销售的，而传统IBM的销售人员不再参与其中。

这款看似平平无奇的产品由行业里极常见的零部件组合而成，真的是IBM计算机吗？这款IBM PC最大的价值并非在于它的技术创新，而在于它炸开了人们心里对个人计算机的认知冰山。人们曾经被牢固地冰封在一种印象之中，那就是"PC是与己无关的计算工具"。此前，苹果计算机只是激活了一个小角。唯有IBM的体量和声威才能让人们意识到，PC完全可以进入大规模的商业化市场，可以与每个人都息息相关。正是IBM闪闪发光的蓝色徽标为这款机器做了巨大的背书，让人们信赖它、走近它。

此前的计算机或许被称为计算仪器或者计算设备更为合理，因为它们主要都是面向国防和科学计算的复杂装备。而IBM PC的出现使普罗大众被迅速吸引到计算的阵地。

到了1983年底，IBM PC的爆炸性效应已经显而易见了。此前曾经快速创造奇迹的很多创业公司开始衰败，在画出了笔直上升的曲线后扭头向下。当时，个人计算机企业已经有300多家。但IBM在这个市场的持续创新，导致了许多巨型企业的陆续灭亡，例如王安电脑公司、DEC公司等都即将走上不归路。很多老牌的玩家也抵挡不住市场冲刷的力量，试图以廉价计算机冲击市场的德州仪器公司在这一年退出了计算机市场。这是一个计算机企业快速消亡、快速生长的时代，而市场的万象更新则带来了全新的玩家。

1.3 软件的自由之身

推动PC进入大众视野，并非仅凭IBM的一己之力。软件商群体的发展也起到了推波助澜的作用。在硬件至上的时代，软件一直是附庸，它需要与大型机、小型机紧紧捆绑在一起，单独谈论软件是没有意义的。1968年，由于涉嫌垄断的调查，IBM决定将软件和硬件拆分开来，分别定价。这一举动意味着软件可以与庞大的硬件体系解绑，独立的软件定价成为可能。几乎是一夜之间，软件从免费变为货架上销售的商品，这深刻改变了计算机的形态。

独立于硬件的全新软件业务开始萌芽。CA软件是那个时代的明星，专注于IBM大型主机的IT管理服务。现在既然已经独立于IBM，它就可以放开手脚，通过大力收购而迅速发展。

能否将计算机推向更广阔的商用市场取决于人们可以用它来做什么。真正的消费者并没有成群出现，就是在等这个行业自己回答这样的问题。

时机也差不多到了。三种软件促进了计算机的商业化普及，第一号功臣自然是游戏软件。游戏对于个人计算机的普及作用，容易被人们选择性地忽视。游戏的狂热者极易成为第一波PC技术的尝试者。第二是教育软件。学校不断地引入个人计算机，促进了教育软件的发展，也使得思想活跃的学生成为容易激活的群体。他们既可能是游戏玩家的大军，也会成为勇敢走进个人计算机的先锋。第三则是应用软件的推动。表格、文字处理和数据库这三类商业软件率先撞开了普及应用软件的大门。为苹果II型号计算机开发的简单财务处理表格软件VisiCalc（"可视计算"）在行业里大获成功。这样的计算软件简直就是为企业管理层而开发的，它让财务人员的统计工作变得轻松自如，自然容易排在企业采购清单的前列。财务电算化后来也成为普及信息化时第一个被攻破的堡垒。

整个市场的指针正在缓慢地转向个人计算机。但是刚刚起步的个人计算机软件产业跟整个软件产业并不同步。开发大型软件和开发小软件的方式并不相同。为大型机、小型机和工作站而开发的大型软件往往需要大型的团队组合，要有丰富的软件工具和完整的方法体系。但面向PC的软件则并不需要多么先进的软件工程知识，它只需要开发者具备优秀的创造力和大学生所掌握的基础技能。

小型软件公司采用灵活的方式，镶嵌在日益发展的各种计算机市场之间。个人计算机的软件具有"带伤快跑"的特点，不求稳定但求快速迭代，这种经验即使对于当时全球最大的软件商IBM来说也是巨大的挑战。大型软件公司追求软件稳定，往往采用一击而中式的开发方式，因此开发周期长，难以进行快速修改，这使它们很难为市场开发出好用的小型电脑软件。这些机会留给了初创的小型软件公司，比如微软在1980年仅有40名员工，但是销售额却达到

800万美元，成绩非常亮眼。

　　苹果并非第一家推出个人计算机的公司，但它率先将个人计算机推向了商业化的市场。一开始，软件开发是个人英雄的淘金时代。此时数千家初创公司大多存在资本不足和规模有限的问题，有的甚至只有2~3人的规模。而市场上各种不同配置的计算机需要各种不同的软件，这为小公司提供了巨大的机会。但随着计算机使用者越来越多，个人计算机软件业就开始进入清盘与合并阶段。

　　1983年以VisiCalc而知名的维西软件公司，鼎盛时期收入达到约4000万美元。但到了1985年，它就已经不复存在，败给了莲花公司（Lotus）的Lotus1-2-3软件。而后者的创始人正是原来为维西开发软件的工程师。莲花公司不仅有出色的技术表现，更有巧妙的营销手段，一举击败了当时最畅销的VisiCalc。Lotus1-2-3软件的营销费用是开发费用的两倍以上。在一个商业市场，优秀的技术只是一个节点。相同功能的软件企业在相互绞杀后只能拼出个你死我活，最终市场会选择营销更灵活的企业。

　　新的繁荣也开始出现。数千种软件为IBM PC而开发出来。流行的软件只要稍加修改就可以在IBM上运行，使得这种机器进一步得到普及。软件和硬件的相互迭代以往从来没有如此地畅快淋漓。随后五年，整个IT行业都沉浸在这种快乐的交织之中。

PC 创世纪

　　进入 PC 领域，并非拥有深厚技术积累的企业就能长寿。创造了第一台电子计算机的两位科学家在离开大学之后创办公司，研制出了 UNIVAC 通用自动化计算机，并奠定了计算机的计算与存储分离的"冯·诺依曼体系"。然而这些计算机先驱者并没有在商业航海中行走得太远。就企业发展成败的重要性而言，企业家对不断扑面而来的商业风浪的驾驭能力远远超过

2.1 繁荣的号角

　　1984年，IBM发布了基于英特尔286芯片的PC AT机，再次获得了理所当然的巨大成功。这算得上是一团真正意义上的个人计算机烈火，而名不见经传的戴尔公司率先将这股大火蔓延开来。

　　从大学辍学的迈克尔·戴尔（Michael Dell）可能是最早意识到"开放"含义的人之一。第一款IBM PC兼容机上市的时候，机器里面呈现出"空空如也"的状态，一来机箱显得空空荡荡，二来所有的零部件都可以在市场上买到。每个芯片的意义都清晰可见，这是一个用眼睛就能完成的逆向工程。唯一属于IBM自行开发的就是这台机器的硬件输入、输出软件。这样看来，IBM PC售价约2500美元，而其核心部件如CPU处理器、存储器和软件，只需要约700美元。难道企业只要掌握一种系统集成能力，为客户提供定制机型，就可以在市场上无往不胜了吗？

　　1984年，准备已久并从中获益的迈克尔·戴尔成立了戴尔公司，加入了这场商业游戏。戴尔公司取消了所有中间销售环节，采用直接面向企业的直销方式。各种键盘、内存、CPU等部件都可以让客户有足够定制化的选择。而完成芯片组的连接也不难，到处都是兼容机的工程师高手。戴尔公司只比IBM晚一年就可以推出足够兼容的286机器。这是一个整合资源和商业制胜的时刻，只要通过将IBM的PC部件重新组装、大幅度地降低成本，就能获取丰厚的利润。

如前所述，IBM PC刚刚进入市场就实现了巨大的销量，这几乎切断了其他传统计算机公司的活路。市场上很快就只有两种计算机：IBM和IBM兼容机。IBM的开放式架构使得兼容机成为可能。很多零部件公司开始出现，通过对IBM PC的零部件进行精准的逆向工程，重新生产硬驱和电路板，这使得电脑硬件的制造变得简单。IBM能够保持与众不同的地方在于，它开发了操作系统之前的黑屏处理期软件，可以对各种硬件的调度进行预热准备。这段特殊处理的程序软件如同黑盒封装之内的暗箱操作，使得各种兼容机很难做到百分之百兼容。不过，这点瑕疵并不影响兼容机的大发展，很快就形成了快速发展的计算机市场。

类似戴尔这样的公司还有很多，比戴尔公司更为风光的是康柏公司。康柏有着更强大的技术背景，在识破了"兼容"二字背后的商机之后，立即开始大规模行动。1982年，三名从德州仪器公司离职的员工成立了康柏公司，对IBM操作系统的黑盒进行了反向编译，并且重新编写了这套代码。于是，更加灵活的IBM全兼容PC出现了，这样的半黑客半创新的技术突破开启了一种危险的尝试。另外一家公司也做了同样的事情，但它并没有直接生产电脑，而是将这种软件技术对外转让。几十家兼容机公司一下子涌现出来，这掀起了对IBM PC进行大规模复制和兼容的热潮。

在美国计算机展会上，当时的DEC、德州仪器、王安和惠普都展出了全新的个人计算机。尽管这些计算机的功能和外形与IBM PC不相上下，但现场反响最热烈的是能够与IBM兼容的康柏公司的原型机。展会上的这一现象给来自中国台湾地区的宏碁公司创始人留下了深刻印象。宏碁公司决定开发与入门级PC的IBM XT相兼容的电脑，并在1984年将产品推向了市场。中国台湾地区的电子制造行业也开始涉足这门全新的生意。

康柏创造了创业三年即突破1亿美元的商业传奇，这引来了采用英特尔芯片兼容IBM架构的疯狂热潮。然而面向个人的苹果电脑依旧我行我素采用摩托罗拉芯片。

1984年，低价格的麦金托什计算机（Mac），以独特优雅的计算机界面，闯进人们的视野。它采用鼠标、图标等一目了然的方式来操作计算机，简单方便，门槛很低，与常规的命令行操作大为不同。

在鲜亮的计算机外观如此与众不同的时候，苹果公司内部也发生了一次深刻的改变。苹果II代计算机是开放型的，机身可以打开，用户可以对内部进行调整，但Mac的设计就是让人打不开❶。

Mac是一款用心打造的面向家庭的计算机。然而在经历了上市之初销量火爆之后，市场反应又归于平静。因为在家庭使用的场景下，实在找不到太多的应用软件可以使用。这并非苹果计算机独自遇冷的问题。1993年10月IBM发布的廉价机试图占领圣诞节的家用

---

❶ 沃尔特·艾萨克森. 埃隆·马斯克传[M]. 孙思远，刘家琦，译. 北京：中信出版社，2023: p52

市场，但反应也非常平淡。面向家用计算机端的市场经过短暂的狂热之后，似乎消失了。

个人计算机消费者还远远没有到来。兼容机的市场仍然在商用市场。商业场合的使用者相对掌握更多的技能，对界面的容忍度要高很多。这使得苹果的华丽界面在商业场合并没有受到强烈的触动，只是在出版业和传媒业的时尚眼光里，苹果Mac作为一种艺术的表达而备受青睐。

当价格依次降低的大型机、小型机、工作站都是面向企业用户的时候，Mac的易用性启发了人们对于个人计算机的想象力。它对于人们如何简单使用机器的哲学原则，影响深远。无论是进入了基于UNIX的工作站，还是IBM PC所克隆出来的世界，以及微软的操作系统，都感受到了简洁机器的力量。

兼容机市场的出现使得微软拥有了一个人类从未遇到过的商业模型，就是将无形资产不断复制到有形的机器上，就可以赚取大把利润的。每台硬件机器都需要有大量的物料成本，而复制软件却几乎没有任何消耗。人们第一次看见，物理世界的原子和数字世界的比特在创造价值方面有如此大的不同。

微软依靠着帮助IBM兼容机开发的MS-DOS操作系统，正在变得越来越受欢迎。但微软此时的应用软件，无论是表格还是文字处理，都并没有表现出更强的生命力。而苹果的Mac则是微软在IBM PC之外的第二个宝贵的机会。对于Mac惊艳的图形用户界面，微软是第一现场的第一参与者。不用多久，这种经历就将为IBM兼容机带来同样友好的操作系统界面。Mac对于微软的帮助远比对苹果更大。到了1987年，微软有一半收入来自苹果❶。当然，此时的乔布斯已经无法表示自己的愤怒了。就在Mac上市的第二年，乔布斯被迫离开了自己一手创立的苹果公司。

此刻的惠普公司对于PC有所发展但保持了一种警惕的态度。对这种产业前景主要是由英特尔和微软进行技术推动的现状，惠普并不看好。在PC即将爆发的前夜，惠普在PC市场的份额占比只有3%❷。惠普的重点资源依然分配在小型机和工作站的市场上。

然而，在PC的周边市场上，惠普却收获颇丰。1984年通过授权获取佳能的电子感光技术后，惠普推出了第一台激光打印机，同时推出了喷墨打印机。这种与PC相匹配的打印设备来得正是时候，二者相互促进。对于惠普而言，打印机稳定而丰厚的利润，有力地支撑了它在计算机部门持续高强度的投入。激光打印机开辟了一个新的市场，但这条产品线的意外出现增加了惠普管理复杂产品的难度。这似乎是惠普公司并不擅长的战略。此时惠普的计算机还在大型机和小型机市场上竞争，它采用大客户的销售方式，并且坚持"更强大的功能和更高的价格"。而在打印机市场，惠普决定采用不同寻常的分销模式，通过经销商来推销这款产品。这背后的信念是"更多样的功能和更低的价格"。然而在随后的岁月中人们将会发现，打印机业务越是成功，对惠普的传统理念挑战就越大。两种理念的分歧引发了比人们想象中要严重得多的不良反应，在很长的一

---

❶ 马丁·凯贝尔-凯利，威廉·阿斯普雷. 计算机简史（第三版）[M]. 蒋楠，译. 北京：人民邮电出版社，2020:p245

❷ 罗伯特 A. 伯格曼，韦伯·麦金尼，菲利普 E. 梅扎. 七次转型：硅谷巨人惠普的战略领导力[M]. 郑刚，郭艳婷，等译. 北京：机械工业出版社，2018:p108

段时间内置惠普管理层于尴尬之中。

这年IBM推出的PC/AT采用了英特尔的286芯片，这无疑也挽救了英特尔的生命。此时英特尔正在饱受来自日本存储器厂商的挤压而决定放弃这个市场，转而主攻CPU芯片开发。由于IBM为了保证处理器的充分供给，要求英特尔允许第二家处理器厂商获得生产的授权。所以这为整个PC行业留下了一个"小尾巴"，它就是AMD公司。这条"小尾巴"将在随后几十年中如影随形地跟在英特尔的后面。虽然远远落后，却一直无法被甩掉。

在这个1984年所确立的PC时代，具有高科技光环的计算机呈现出了标准化的深刻特征。这种标准化的生态秩序也最终将抹平这个行业的高科技光环。标准化产业容易呈现商业无情的一面：那就是同质化的产品只能拼性能价格来取胜。而能够保证规模量产的企业将是最大的赢家。

两家将在未来主导PC产业方向的企业均于1984年诞生，它们在当时都并不出众，既无显赫背景，也并非技术创新的破局者。当IBM、惠普、康柏都带有明显的技术驱动因素的时候，戴尔和联想则似乎更多地参透了PC产业本质。这之间的差异性一开始并不明显。对于越来越全球化分工的产业，一开始的领跑者可能是由技术驱动，但很快就会转换成速度与规模的双重驱动。人们需要在很久之后才会认识到PC的这一特征。

这是一场速度取胜的游戏。在人们关注兼容机标准的同时也容易忽略渠道的作用。作为接近用户的销售方式，渠道也在技术创新之外，不动声色地成为这个产业的巨大壁垒。计算机不是一门机器的生意，它是一门跟人打交道的生意。

2.2 听见海浪的人

　　1984年的深秋，对中国科学院计算技术研究所（简称中科院计算所）而言，不同寻常。当年11月，中国科学院决定建立"中国科学院计算技术研究所新技术发展公司"（简称计算所公司）。这家新成立的公司具有雄心壮志，但在初创时并无详细的商业计划书，备选的业务范围广泛，包括销售电子表、收音机、计算器等。不过对于那些头脑灵活的科研工程师们来说，终于有了一个可以依照自己想法进行战斗的阵地。这一年，中科院计算所终于调试成功了一台每秒可进行1000万次计算的大型计算机，这成为当时最为轰动的科技成果之一。

　　早在1978年，美国已经进入每秒百万次计算的计算机时代，而国内中科院计算所正在为国家任务而奔波。代号为"757工程"的新一代计算机正在紧张研制中。现在，它终于成功了。然而，这台从硬件到软件都是自主研发的大型计算机却是好看不好用，并没有商业化的可能性。它本来就是为军事目的而设计的，而当时中国一些军事工业面临停产的局面，许多头脑灵活的军工企业纷纷转向民用品生产。这台计算机给中科院计算所带来的收获，除获得国家科技奖之外，还有一条宝贵的商业经验：对于独立开发全套计算机系统的任务，一定要保持足够的敬畏之心。单独的商业公司是难以承受这种负担的。当时中科院计算所的"757工程"一完成课题结题就立刻显得过时了。对于中科院计算所这样的科研院所来说，面对急剧减少的财政拨款，立刻感受到了财务枯竭的压力。1000多名科技人员、500多名工人陷入无米下锅的困境。宝贵的科技人才必须尽快释放出新的能量。

新成立的计算所公司就是寻找出路的一种尝试。中科院计算所位于北京中关村"电子一条街"，这里弥漫着贸易和热望混合的气息。此时，这里的科技企业已经有40多家。海外的各种计算机正在以多元化的方式进入这里，并辐射到全国市场。复杂难用的计算机依然是高高在上的设备。依托附近的北大、清华、中科院等，中关村形成了一种先进技术与初级贸易的奇异结合体。流线型的计算机成为人们向往的奢侈品。在当时，全国约11万台计算机中，几乎全部是比286型低半代的IBM PC XT或者PC AT型。一台计算机从海关出来成本约为2万元，而市场售价高达4万元。人们对计算机带来的财富充满了狂热追求。

此时，原中国电子工业部六所自主研制的0520计算机样机也正式公开亮相。"05"代表英特尔芯片，而"20"则代表16位微处理器。这同样是一条向IBM PC兼容的路线。此前还有另外一种技术路线也在平行发展，那就是采用06代号的摩托罗拉芯片。当时的芯片型号有二三十种，其中最重要的就是英特尔和摩托罗拉的芯片。此前日本的单板机变大机器的技术路线曾是国内确定的发展方向。但是1981年IBM PC兼容机的出现使得当时国内负责研发的项目组进行了180度大拐弯。这种小巧的兼容机，一个方盒子带两个软盘，外接一个键盘和显示器，看上去极具"个人化"特色。于是项目组彻底转向，遵循"照着IBM的PC做"的路线往前走。05系列也因此成为中国"六五计划"的重大产品之一。这款机器在美国展会上引发了媒体的兴趣，1985年年底，美国《商业周刊》杂志用夸张的风格评论道："长城0520是中国向美国计算机资本的第一次突然袭击。"

PC浪潮似乎已经到来，人们正在寻找新的市场机会。新成立的计算所公司正是其中的一个缩影。幸运的是，这家公司获得了为中科院做IBM进口机的服务，包括验机、培训、维修等，这使得该公司赚取了第一桶金。

计算所公司显然还需要一个拳头产品，于是汉字输入法出现了。从1960年开始，中科院外部设备配套研究室就开始主持电子显示器的研发工作，其中包括汉字输入技术的研发。其间，科学家倪光南发明了联想式汉卡，这是一种每输入一个词就可以自动展开词组的联想式输入法。然而，这种文字处理技术的汉卡一直无法找到合适的应用场景。

计算所公司的成立为这种汉字技术找到了突破口。此时的中国PC行业还处于边缘地带，大部分工作都是围绕着海外成熟的产品进行延伸的。对于海外进口的计算机，界面全部都是英文的，限制了人们的使用。而汉卡可以作为PC的一个扩展卡，使得PC在处理中文的时候，不需要对外文软件进行汉化，而是通过汉卡将计算机的英文符号做最后一次汉化即可以使用。计算所公司将所有的利润都投入到汉卡的研究上。

汉卡的研发是解决文化兼容问题的第一次尝试。这种便利性，在推动PC普及的初级阶段，光彩夺目。然而商业时机不成熟，高技术也只能在空转中等待。与商业公司的结合让中科院的汉卡技术大放光彩。商业化无疑是科技成果最好的出海口。

2.3 通信的分叉

　　1984年，在美国发生了一件意义重大的事情：继承了早年贝尔实验室全部资产的美国通信巨头AT&T被拆分成一大七小。依据《反托拉斯法》，美国司法部将AT&T拆分为一个继承母公司名称并负责长途电话业务的新AT&T公司，以及七个负责本地业务的电话公司，后者也被称为"贝尔七兄弟"。这次拆分标志着通信行业进入竞争时代，长途电话与短途电话业务分开，而且短途电话业务呈现多元化发展。通信行业不断细分出新的行业，孕育了庞大的市场空间。在这次拆分中，原来提供程控交换机设备的西部电气公司保留在新AT&T公司，并继续为八家公司提供通信设备。

　　此时的通信行业开始与IT行业形成一种混战的局面，双方的龙头企业都对对方的市场产生了兴趣。

　　占据美国长途服务业务80%的AT&T购买了意大利计算机公司Olivetti的25%股份，进军计算机市场，并且与IBM的对手Amdahl形成联盟。而占据计算机市场70%的IBM则通过收购AT&T老对手MCI公司的部分股份进行反击。人们还需要好长时间才会意识到这是两个完全不同的阵地。这次对抗也产生了一个意外的效果，就是推动了UNIX操作系统的普及。AT&T对抗IBM的法宝是旗下贝尔实验室开发的UNIX操作系统。过去，UNIX操作系统一直存在多元化的开源版本，从而呈现散乱的局面。AT&T希望将这个操作系统完全商业化，因此分拆公司业务的同时，也通过大量的广告宣传，使得UNIX广为人知。而日本的日立和富士通最后都采用了这一路线。日本政府也出资一亿美元，进行UNIX系统的开发。人们对于摆脱IBM的束缚有了一种默契的行动。

1984年也可以看成中国程控交换机元年，中国在电话交换机领域出现了全新的流派。

20世纪80年代，中国大型邮局所用的数字程控交换机被来自七个国家的八大公司所垄断，这被称为"七国八制"。为了发展中国电信技术，原邮电部从日本富士通引入了中国第一个大型数字程控交换机系统，并加强了对引进项目的消化吸收。然而这个项目在国产消化过程中碰到了巨大的黑盒子屏障：电信交换的核心技术已经被日本大规模集成电路芯片封装其中。而这种芯片对中国也属于断供之中。在当时，计算机业务属于原电子工业部主管，而交换机业务则属于原邮电部主管。那么，交换机所属的芯片该如何组织攻关？

1984年，位于郑州的信息工程学院（现为中国人民解放军战略支援部队信息工程大学）正式启动了国产程控交换机04机的项目。奇妙的是，这个通信项目的攻关团队居然有来自计算机行业的背景。面对富士通的基于高端芯片的集中式架构，这个团队采用了分布式架构，从而可以使用普通的商用芯片来实现。

04机的巨大成功提振了人们对于打破国外通信设备垄断的信心，而这个项目的技术秘诀也开始不受约束地四处扩散，大大加快了知识的外溢速度，推动了中国电信行业的发展。1985年成立的中兴通讯和两年后成立的华为都是这种分布式架构的受益者。

斯坦福大学教授凭借多协议路由器的技术，于1984年成立了思科公司，预示了网络连接的另外一种可能性。当时，在斯坦福大学等计算机较多的地方，有着将各种计算机连接上网的刚性需求。然而不同品牌的计算机采用不同的网络协议，要将这些分散的计算机连接在一起是一件极其困难的事情。思科推出的多协议路由器使得多样化的网络设备有了统一的桥梁连接。

通信、网络产业都在开始兴起的初期，这为程控交换机和协议路由器设备留下了快速发展的空间。而计算机产业则在相距甚远的地带迅速膨胀。二者的融合还需要很长的时间。

2.4 疲惫的反击，世界的增长

　　PC市场正出现各种角色都在克隆主角的戏剧性一幕。尽管PC整体市场在迅速扩大，但这些狂欢般的复制行为对IBM的利润构成了巨大的威胁。正如《硅谷之火》一书的说法，"IBM公司除了自己的名号，变得毫无特色"❶。当康柏在1986年抢在IBM之前率先推出386型计算机时，计算机历史上第一次出现领袖缺位的情况。

　　IBM在兼容机的市场无法获取利润，这迫使它不得不向自己创造的神话反戈一击。1987年，在历时两年的研发之后，IBM推出了全新的封闭式电脑PS/2，它拥有独立的操作系统和芯片，并与微软联合开发了带有图形界面的OS/2操作系统。

　　然而，这款被IBM寄予厚望的"克隆杀手"产品却迎来了惨淡的销售局面。它拥有很多技术革新点，如速度更快的微通道总线等，但无法与此前的畅销机型PC AT相兼容，而用户则拒绝这种无法与已问世的畅销机型兼容的技术创新。OS/2操作系统虽然是为个人计算机准

---

❶ 保罗·弗赖伯格，迈克尔·斯韦因. 硅谷之火：人与计算机的未来[M]. 张华伟，编译. 北京：中国华侨出版社，2014:p320

备的，但能够与IBM的大型机和小型机兼容。这使得OS/2操作系统更像是一个大型机的操作系统 **❶**。IBM试图重新创造一个新的兼容标准的努力，显得笨拙而可笑。纵使IBM也无法对抗已经标准化的PC产业。

IBM不仅高估了自己整合计算机的能力，还对兼容机的生态力量过于轻视。虽然整个PC行业似乎都是IBM这头大象的寄生者，兼容IBM标准是至关重要的事情，但IBM品牌本身却并不重要。戴尔在准备上市时，股权备忘录的第一条就是"针对IBM兼容的个人电脑" **❷**。这一条的潜台词是"跟IBM无关"。兼容机的发展其实也以一种前所未有的生态雨林方式，带动了音频、显卡、信号等标准化外设的同步崛起。一家企业只需要有芯片和操作系统，就可以进入这个市场。而这些数不清的蚂蚁公司则形成了一种新的群体力量。

在IBM忙于封闭的时候，康柏推出了第一台采用英特尔芯片的32位处理器。这是第一台面向个人用户的386型计算机。这一年它也达到100万台的销售量，一举成为PC界惊人的明星。康柏在PC行业有多显赫，IBM就显得多尴尬。整个PC行业正在远离IBM的控制。

这对IBM是一场噩梦。IBM希望在未来将自己建立的大陆割裂成两块，自己拥有新大陆的掌控权。这种努力反而将另外一块大陆推向了英特尔和微软的怀抱。两个体量并不大的公司意外地成了新的主角。由于英特尔退出了备受日本厂商挤压的存储器市场，机

---

❶ 比尔·盖茨. 未来之路[M]. 辜正坤，译. 北京：北京大学出版社，1996:p78
❷ 迈克尔·戴尔. 戴尔战略[M]. 谢绮蓉，译. 上海：上海远东出版社，1999:p39

会也留给了新的加入者。中国台湾的宏碁电脑开始被这门生意所吸引，与美国德州仪器在新竹建立台湾地区第一家专业的内存生产厂家。中国台湾地区企业的存储器生意踏上了腾飞之路，即将与如日中天的日本企业和初出茅庐的韩国企业一较高下。

PC行业谁也不能独善其身，水平分工展示出比一体化制造要强大得多的生命力。依靠软硬件一体化制造的独家特性已经无法被行业所容。如果不兼容自己，IBM也是困难重重。这是一个反噬自己的经典案例。

IBM或许需要思考挣扎在PC兼容机市场的意义。1986年，大型机市场规模约为100亿美元，其中，100万美元以上的大型机市场容量大约2000台，IBM在此领域具有绝对的优势。而个人计算机PC XT销量尽管达到43万台，但每台价格只有约4000美元，合计也只有17亿多美元。至于每台价格只有约1000美元的PC jr，则是IBM试图迎合家用电脑的一个潦草尝试的版本。为了降低成本，该机型采用了质量平平的杂牌键盘。由于存在廉价复制的大量竞争对手，这些产品的利润并不可观。这对于IBM而言显然并非理想业务。

IBM在个人计算机市场开始进入危机不断的艰难时期。IBM已经失去了对PC市场的控制，不得不进行大规模裁员。这家曾定义PC标准的公司却最终被自己所定义的平民化标准所吞噬。

与此同时，这种标准正在形成新的拓展，折叠式的计算机也开始出现。1988年，生产出第一台折叠电脑的美国GRiD System公司（以下简称GRiD）被另外一家计算机公司天迪（Tandy）收购。

GRiD在1982年推出了第一台真正具有折叠意义的笔记本电脑，

它的折叠设计本身也成为一种专利，可以获取后来追赶者的专利费。此外，该计算机拥有简单的网络功能，因此备受青睐。

尽管有着天才的设计，但笔记本电脑产业还远没有到建立自己骨架的时刻。到处都是那些让设计师欣喜而又抓狂的零部件——这些零部件只是设计但并不存在。比如当时并没有平板显示器，充满创意的美国制造先锋者只能找到日本夏普来生产。夏普接受了这个冒险的建议，开始大规模投资笔记本电脑显示器的生产。GRiD是第一家向日本电子公司寻求零部件的美国企业，这也开创了美国品牌商和日本零部件厂家合作的重要先例。通过使用日本零部件，美国计算机制造商让这个行业开始越发强壮。国际化合作的框架正在悄然形成。

设计师的想法依然超越了当时普通制造的能力。制造过程中的工程技术问题需要靠天才工程师的参与才能解决。

GRiD的设计师需要面对的挑战是要让每一个零部件都要足够小。如需要一个火柴盒大小的调制解调器（Modem）来解决上网问题，但Modem的专业生产厂家RV公司的第一反应就是，"这不可能"。这个场景值得凝固成一幅画像，它反映了人类伟大产品诞生前，制造与设计之间的冲突。多少年来，制造工程师面对设计师的"过分"要求总是先有这种反应，而后也能够将其一一实现。

RV公司最终还是缩小了Modem的尺寸，其他零部件商也在做着同样艰辛的努力。

由于当时并没有更小的定制化芯片，导致GRiD这款计算机的机身存在过热的风险，甚至可能会烫伤用户的手指。而GRiD的工程师们最终采用了镁合金外壳，从而将散热尽量控制在可接受的范围之内。

这些以酷炫技术为特性的计算机越发吸引人们的关注，于是涌现了更多的制造商。1988年的美国共有数百家计算机制造商。但毁灭性的竞争已经开始，戴尔就是其中的佼佼者。戴尔的直销砍掉的不仅仅是中间渠道环节的成本，更重要的是时间成本。PC的寿命周期，必须要跟摩尔定律抢跑。摩尔定律意味着芯片的价格会不断下滑，因此计算机制造商的库存是不可忍受的浪费：它的出厂日期就像新鲜牛奶一样，滴答作响地提醒着人们。而尽可能用最快的时间为客户交付电脑，正是戴尔直销所具备的保鲜保值的特质。

戴尔的工艺创新虽然没有技术创新那么突出，但决定PC制造商能否成为真正王者的因素向来不是只有技术。

到了1989年，PC市场上主要有两种芯片在竞争。一个是摩托罗拉的6系列的68000芯片，另一个是英特尔的8系列的8088芯片。二者在286、386型计算机的芯片上你追我赶。然而只有苹果的电脑采用了摩托罗拉的6系列，而拥有包括IBM在内的众多兼容机的英特尔8系列则尝到了众人拾柴火焰高的甜头。在各家PC相互厮杀的时候，芯片性能越发强劲的高端PC也在以工作站的姿态，压缩着小型机的低端市场。1989年是小型机没落的季节，王安电脑、数据通用公司等企业的小型机产品出现了巨大的亏损，离场只是时间问题。

从IBM兼容机到克隆机的繁荣，再到PC的争霸时代，这场翻天覆地的变化只用了8年的时间。巨人的反击是乏力的，这次惨痛的教训告诉我们：封闭不会取得胜利。用户虽然从未参与IT厂家的标准制定，但他们在沉默的购买过程中会做出选择：通用操作性至关重要。1989年，PC行业的骨骼正在开始变得成熟。PC正在从一个小众的圈子走向普通大众，成为一种充满潜力的商品化产品。PC行业发展的商业脉络已经清晰可见，确定的商业模式正在对行业进行有序的肃清。

2.5　找到赛道的入口

中关村的计算机发展之路依然呈现百花齐放的繁荣景象。有的企业开发学习机，只是将8位处理器的CPU加上键盘，就可以与电视机、录音机相连，而每台售价只需要500元。有的企业与日本公司合作，推出了中文打字机，这也被看成一条发展计算机的路径。

这其中表现出众的企业之一是浪潮公司。浪潮在1986年研制并生产了0520A和长城0520C-H型号的计算机，共计5000多台。同年年底的盛事莫过于长城计算机公司的成立，共有67个单位参与，组建成了一个庞大的联合企业。这是原电子工业部与北京市相关部门的对话成果，被看成一种打造"中国IBM"的努力。

与此同时，国家有关部门也开始加强管理，从1986年开始实施微机生产许可证，有9家企业获得这种资格。当时，浪潮和新成立的长城都在其中，而计算所公司尚未取得许可证。

计算所公司仍然在继续探索自己的发展方向。IBM对兼容机的反击对在中国从事周边设备生产的企业来说是一个坏消息。随着IBM推出封闭的计算机，计算所公司也面临汉卡无法兼容的问题，因此必须为汉卡找到新的品牌渠道。

1988年成立的香港联想公司，成为一个重要的内外连接点。计算所公司开始代理销售AST品牌的微机，而汉卡的汉字优势得以发挥。计算所公司展现出强大的营销能力，将一个在国际上并不知名的品牌打造成为中国市场上一颗闪亮耀眼的明星。

如果说汉卡是铺路石，那么AST品牌的微机就是计算所公司进入PC行业的敲门砖，为公司带来了丰厚的利润。1989年，计算所公司更名为联想集团公司。

香港联想还有另外一个任务，那就是制造主板，这是计算机非常重要的部件。没有CPU和存储器的主板成为IBM PC兼容机市场的新气象。在1986年之前，行业中只有兼容机主机这样的系统厂家❶。但越来越广阔的兼容机市场吸引了台湾地区众多中小企业的加入，这形成了一个新的白牌（无品牌或者杂牌）市场。中小企业购买主板，然后将芯片、显视器、键盘组装在一起，就可以对外销售。当从宏碁离职的研发主管创立了华硕电脑并且专攻主板时，宏碁电脑也不得不将主板单独向外销售。整个PC界已经进入了与"一体化整合"相对的"分解整合"的时代，兼容机组合联盟出现了。这些产品一度与IBM PC、康柏、戴尔、宏碁等品牌产品形成了激烈的竞争。来自台湾地区的公司很快就主宰了这个新兴起的计算机零部件市场，而且收益丰厚。

香港联想敏锐地捕捉到了这个市场机遇，很快就购买了一家拥有生产能力的公司，并与联想北京公司和中科院计算所一起进行主

---

❶ 施振荣.再造宏碁[M]. 北京：中信出版社，2005:p176

板开发，这是与台湾地区电脑主板制造商的第一次正面交锋。

然而，即便到了1990年，主板业务依然是亏钱生意，需要依靠电脑销售的利润来补贴。但这是联想能够参与到全球制造版图之中的重要布局。一块主板大致有200多个组件和400多个焊点，这被宏碁定义为微笑曲线的下端，仅仅高于计算机的组装。但主板制造不仅为联想留下了一个融入全球市场的入口，也大大提升了制造板块在联想内部的战略价值。从主板入手，联想开始尝试嵌入计算机产业的价值网络，从而摆脱仅仅是销售终端的地位。

AST从1982年开始开发IBM兼容机主板，并逐渐开始组装整机销售到全球。这家快速成长的兼容机公司也引起了联想的注意。在成为AST主要代理商的同时，联想也在积极地开发自己的电脑产品。

这是行业中一种普遍的现象。经过短暂代理期之后，计算机代理商企业都开始通过进口元器件来发展自己的品牌，包括长城、浪潮和长江等都有类似的经历。仅仅在成立的第二年，长城就开发出了286型计算机，迅速成为国产微机领头羊。

1989年，国产微机的市场占有率达到了67%，呈现出一片繁荣昌盛的景象。这不免让人觉得前景十分乐观，认为在这样一个新兴的计算机产业中会形成多样化的品牌，而中国品牌也将有望在市场中占据重要地位。

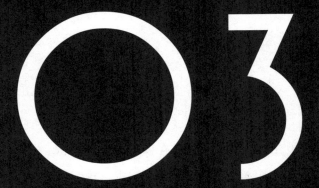

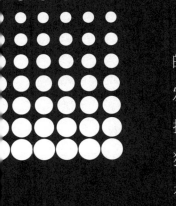

O3

PC 的浪头

　　整个PC市场都感受到一股来自周期性的振动。这股间歇性的冲力，正是来自定期发布的新一代芯片。这似乎是一种"计划性报废"的商业预谋，而消费者对此表现出了狂热的追逐。科技浪头扑面而来，每一次都有意气风发者主宰着时代的舞台。然而下一次浪头来临的时候，大部分老面孔又会被新面孔取代。经济周期如同忽冷忽热的大气层流，而科技周期则像不可预测的深海漩涡，后者将众多希望之星吞没于海底。

3.1　巨人的失意

　　那个曾被IBM寄予厚望、旨在替代微软Windows的OS/2操作系统，已经进入了一个死胡同。OS/2试图重塑PC行业，却让自己深陷困局。IBM不断在PC行业调整方向，却屡屡受挫。在芯片领域，IBM与苹果、摩托罗拉合作开发了Power PC微处理器架构，仍无法撼动英特尔的优势地位。而在操作系统方面，IBM和苹果合作开发的Taligent操作系统也归于失败。

　　IBM和苹果在一起开发操作系统成为一个时代的讽刺。IBM在自己创造的兼容机市场找不到利润，而将苹果逼上绝路的也正是IBM PC兼容机。这种危机一方面来自兼容机的价格不断下降，导致苹果计算机的价格显得高得离谱；另一方面则是来自软件生态的差异。当微软推出了为兼容机准备的Windows 3.1操作系统之后，这种类似苹果图形界面效果的操作系统受到第三方软件开发商群体的强烈追捧。开发商总是优先选择为用户基数最大的操作系统开发软件，而苹果Mac操作系统则变得可有可无了。失去灵魂人物乔布斯的苹果显得毫无章法，除了开发了一系列失败的产品，在操作系统方面也错失了跟随工作站大发展的良机。苹果本来有机会将操作系统的许可证出售给阿波罗工作站，从而在非自己的地盘收获利润，但最后自己叫停了这一计划。这也使得一家工作站公司——Sun，通过出售工作站操作系统而利润颇丰。在经历了诸多失败之后，苹果成为股市的弃儿，股价从1992年的4.33美元跌到1993年的0.73美元。它正在静待合适的买家来收购。

　　IT发展史上经常会出现这样的一幕：两个没落的贵族组合在一起，依旧没落。IBM经历的挫折并不比苹果少。这两个用不同方法先后启动了PC市场的先驱者都经历了磨难。一连串的挫折让蓝色巨人IBM意识到，它很难成为一个面向消费者的公司。于是在1991年，IBM剥离了旗下的打印业务，新成立了利盟国际有限公司。1993年加入IBM的CEO郭士纳继续调整IBM的定位，而告别消费类产品，向高端企业级服务进军，正是最好的选择。这段艰难的历程多年后被写入《谁说大象不能跳舞》一书之中，描述了IBM是如何重新定位高端IT的咨询服务，并重新强化硬件与软件业务关系的。而由其一手开创的PC行业，对于IBM而言则成为历史记忆中的一页。PC的市场空间正在显著扩大，却很难再激起IBM的兴趣。即使在1992年由日本大和实验室开发的笔记本电脑ThinkPad获得了巨大的成功，似乎也未曾给郭士纳带来太多欢乐。他在书中写道："在我的任期内，IBM最困难且急需彻底改革的业务就是PC部分。IBM基本没有从PC赚到钱。IBM赢得了很多技术成就和人体工程学的突破，尤其是 ThinkPad，但 IBM 就是赚不到钱。"**❶**而赚不到钱的本质原因就是微软和英特尔控制了这个行业的命脉。IBM 逐渐搞清楚了 PC 行业的商业本质，并意识到这并不适合自己。PC 业务与大型计算机、IT 服务完全就是不同的行业。

IBM PC 兼容机是一个伟大的产品设计，却匹配了一个糟糕的供应链模式。它竟然让两个不起眼的小角色——微软和英特尔——溜进 PC 的核心地带，锁住了整个产业的咽喉。在 IBM 失败的新操作系统的躯壳旁边，则站起来一个统治市场的角色，但这个角色并不满足 PC 领域。微软把为 IBM 开发的 OS/2 操作系统改造成了 32 位多任务操作系统，试图进入多用户、多任务的 UNIX 操作系统所统治的领域。这个被称为 Windows NT 的操作系统开始觊觎服务器和工作站市场。

工作站是一种科学应用的台式计算机，比小型机要小，但比当时的 PC 更为强大。Sun 是工作站之王，它对微软的 Windows 图形用户界面青睐有加，而微软则羡慕其优美强大的 32 位工作站操作系统，双方相互积极渗透和取经。

就在二者相互学习的时候，昔日小型机之王 DEC 则迎来了自己的落寞时刻。1986 年，DEC 创始人成为《财富》封面人物，而这竟是人们最后看到 DEC 展示辉煌的时刻。此后，DEC 开始一路下滑。PC 的号角有多响亮，DEC 的世界就有多黯淡。DEC 有着独特而相对封闭的公司文化，自然无法从蓬勃发展的商业化生态系统中获取

---

❶ 内藤在正，威廉·霍尔斯坦. ThinkPad 之道：无可替代的思考[M]. 武上晖，译. 成都：四川人民出版社，2017:p135

半点能量。在小型机时代，DEC总是采用自行制造的专属器件，而对业界标准化的商用零部件置若罔闻。垂直一体化曾是它的巨大优势，然而，当强调专业化分工的新大陆出现时，DEC独成一派的小王国开始陷落。

3.2 迟到的联想

　　1990年，联想终于获得生产许可证，允许推出联想品牌的PC。在汉卡、主板之外，联想有了自己制造的第三张牌。但这比长城电脑晚了足足三年。长城电脑是原电子工业部直属企业，得到了政策的大力支持。联想则由于某些原因一直拿不到相关批文。而看透AST电脑发展模式的联想则一直坚持研究自主设计主板基础上的286型计算机，并在1989年德国汉诺威计算机展上广受好评，获得了不少国际订单。这最终也推动了联想获得批文，建成了自己的286微机整机生产线。

　　联想决定开始向自己的"现金奶牛"开刀，不再重点推销AST的产品，而是将重点转向以推广"联想微机"为主。

　　然而，这个发展并不顺利。联想获得的生产计算机的资质配额只有5000台，仅占政府计划批准总量的5%。然而联想当年的实际销售量只完成了不到配额的一半。能销售好代理品牌不代表就能重新支撑好一个新品牌。这对既有代理、又有自有品牌的联想提出了一个严峻的挑战。而联想微机的命运同样不佳，似乎一出生就遭遇了中国微机市场的寒流。

当时，浪潮和长城最为有名，但九大类配件如芯片、硬盘、显示器、显卡，甚至键盘等其他配件几乎全部依赖进口。在这个零部件不能自主的时代，组装机就很容易受到上游零部件价格策略的影响。而联想销量不高，既无法拥有议价权，也由于无法规模化而容易造成产品质量不稳定。这使它更加显得无比脆弱。

1991年，英特尔突然发起了一场芯片价格战，揭示了这个繁荣市场的脆弱性。为了抵御AMD的低价格战术，英特尔的主流芯片开始大幅度降价。那些提前囤货的计算机制造商蒙受了巨大损失。英特尔的价格策略改变了行业的生存格局，全球几百家计算机组装厂因此倒闭或者亏损。IBM裁掉4万名员工，而风头正劲的康柏计算机尽管销量第一，但市值跌去了70%。在香港生产板卡的公司倒闭了40家❶。

1991年对于中国PC行业而言是非常具有标志性的一年。国产和海外品牌的微机差不多各占市场的50%，而此前都是国产微机占优势。这是市场大变化的一个征兆。国产微机利润迅速下滑，而联想则是靠着代理AST微机、惠普打印机和IBM服务器等才渡过难关。

更大危险在于中国市场与全球接轨带来的市场变化。此时中国正在积极争取加入关税及贸易总协定（GATT）。1992年春，中国宣布立刻取消微机进口税，并且承诺两年内取消进口许可证。这些曾经保护国产微机的屏障突然消失，海外品牌可以大举进入中国。而

---

❶ 凌志军.联想风云录：关于一个人、一个企业和一个时代的记录[M]. 北京：人民日报出版社，2011:p135

国产微机的溃败看上去已成定局。

为了防止这种全线的溃败，国家政策对国内的品牌进行了一定的保护，受惠的主要是长城、长江和浪潮等企业❶，而联想尚不在其中。狂风暴雨将至，所有国产品牌必须做好迎接生死战的准备。

---

❶　凌志军. 联想风云录：关于一个人、一个企业和一个时代的记录[M]. 北京：人民日报出版社，2011:p140

3.3 最快的马决定速度

    戴尔正在成为PC的一面旗帜。在1990—1992年期间，戴尔经历了每年销售量增长100%的高速发展，收入达到20亿美元。然而尽管成长速度飞快，但它仅有5%的低利润率也让人有些惊诧，带有高科技光环的计算机产品并未如想象中那么利润丰厚。这是戴尔主动追求产业标准化策略的结果。戴尔从来不喜欢采用专属零件，而是充分鼓励使用外部的通用部件。1986年前后的IBM、康柏都在做自己专有的视频卡，而戴尔并没有跟进。

    一个行业所呈现出来的形态是在激烈竞争中逐渐确定的，龙头企业所扮演的角色至关重要。高速奔跑的领头羊从来不追求专属科技，这就是计算机的本质。计算机的行业基因已经被确定，这是一个愿意接受低毛利的产业。龙头企业的战略喜好，绑架了整个行业。如果戴尔不去做芯片，恐怕谁也不能去做。

    无论哪个行业都会警惕在供应链上出现独一无二的决定性角色，因为这种不可替代的角色是危险的。当英特尔的垄断特性越来越明显的时候，不仅仅是PC制造商，甚至连微软也表示担心。在1991年，行业中的很多企业决定对英特尔芯片所表现出的强势进行反击。AST、康柏、DEC等巨头联合起来成立了先进计算环境（ACE）联盟，试图与微软和英特尔组成的Wintel联盟一较高下。该联盟选择MIPS处理器来对抗英特尔一家独大的基于复杂指令集CISC的386处理器。看上去有些奇怪的是，微软也参与其中，它试图为自己的Windows NT操作系统找到新的硬件平台。

就在同一年，围绕IBM小型机Power芯片为基础的Power PC处理器，IBM、苹果和摩托罗拉也形成一个基于RISC指令集的AIM联盟（Apple、IBM、Motorola）。这也是为了建立一个新的芯片平台，打通从个人计算机到服务器等计算设备的通道。

然而，戴尔没有时间去参与这样的对抗。无论是MIPS处理器还是Power PC处理器，都无法给用户带来更多的价值。用户并不在乎市场是不是形成了某种垄断，他们只在意保护既有的投资。兼容性的需求是压倒一切心智的力量。在这一点上，戴尔是最能读透用户想法的。很快，这些企业就放弃了MIPS处理器的尝试，ACE联盟也随之解散。抵抗英特尔是不明智的，Wintel联盟已经无可阻挡。

戴尔的直觉来自血战的经验。在1989年的存货危机中，存储过剩的存储器差点压垮戴尔。这是一个PC产业人人都会经历的教训：存货管理是最重要的事情。就像鲜牛奶一样，芯片的保质期无比短暂。很多PC企业都是被存货拖垮的。一个PC企业永远都要有像蝙蝠一样敏锐的耳朵去感应外界，像雄鹰一样犀利的眼睛去捕捉猎物，还要有如瞪羚羊奔跑般的甩货速度。这也是戴尔公司的三大定律：第一，听从顾客意见；第二，不要间接销售；第三，无情地抛弃存货。

通用部件主义已成为PC行业的新规则。相关技术是购买还是自主研发并不重要，效率和好用才是关键。戴尔高速成长中5%的利润率为整个PC行业开启了一个无法转向的单行道。高速成长的市场是无法分神的，企业往往难以调整战略。

而惠普公司并未意识到这一点。1992年惠普公司收入达到164亿美元，这是惠普快速增长的年代。惠普通过开发专有操作系统，成功挤进了小型机的市场。打印机业务随着PC的放量而快速增长，测量仪器的销售额占公司总销售额的比例虽然在缩小，但利润丰厚。此时的戴尔和康柏正在商用PC领域逐步取代IBM的地位。而在消费者PC领域，IBM、康柏、Packard Bell和宏碁也已经大踏步进入。消费者PC尚未成为惠普的关键目标，工作站才是惠普正在关注的重点战场。

此时，惠普工作站排在Sun、阿波罗、DEC之后，名列第四。为了挽回局势，1989年惠普以4.8亿美元收购阿波罗工作站。之后，其短暂地排名到第一，但很快又被Sun超越。Sun的工作站理念是"网络是计算机"，而惠普则将工作站视为台式计算机的延伸。二者的策略有很大的不同。但更致命的是，惠普温文尔雅的企业文化似乎并不适合工作站的争夺。阿波罗有着快速冒险的文化❶，惠普则沉稳持重，这限制了它在工作站以及PC领域的快速行动能力。

---

❶ 罗伯特 A. 伯格曼，韦伯・麦金尼，菲利普 E. 梅扎. 七次转型：硅谷巨人惠普的战略领导力[M]. 郑刚，郭艳婷，等译. 北京：机械工业出版社，2018:p113

实际上，惠普最为人所津津乐道的"惠普之道"受到了多元化业务的挑战。"惠普之道"意味着文化驾驭战略之上，强调自下而上的创新、简单分散的运营，公司里有着较多的预算支持自主创业团队。但开发大规模的工作站吞噬了大量研发资金。不断出现的新业务模式和维持光荣的惠普旧传统造成了分裂的冲突。越来越强大的Wintel联盟的商业模式，并非是仍然在董事会做决策的惠普创始人所熟悉的。这些都成为撕裂"惠普之道"的元凶。

制造出每个零配件才能取得成功，已经成为惠普一个过时的神话。惠普逐渐意识到并打破了这一点，公司也从极端的产品导向转移到了营销领域。在一个标准化的商业世界里营销模式具有极其重要的作用，甚至不亚于技术本身。这对于惠普而言是一种新鲜的体验，也是一种文化上的负担。

PC行业的技术固然重要，但如何将技术变成收入则是一个企业家创新的过程，因为创新必须形成闭环才算真正有价值。如《福布斯》杂志所言："一项技术发明之后，很快就变得毫无秘密可言。真正让世界变得不同的是推动这项技术的能力。"❶这种能力不是由一家企业所能实现的。既然连IBM都无法重新建立一个芯片生态，那么还处在挣扎着立足PC阶段的中国企业更是如此。芯片需要数百家企业的协同，否则很难建立一个围绕新芯片的生态。

---

❶ 凌志军.联想风云录：关于一个人、一个企业和一个时代的记录[M].北京：人民日报出版社，2011:p234

3.4 渠道的变革

      联想也正在为自己的 PC 业务而挣扎。1992 年是联想汉卡的巅峰时刻，但也是衰落的开始。不仅因为全国有十几种不同的汉卡在竞争，更重要的是英特尔奔腾 586 芯片正在呼之欲出。随着芯片处理能力的不断提高，在显卡中直接集成汉卡的新型汉卡已经出现，而且通过软件实现汉字系统的"软汉卡"也开始流行。继续提高汉卡的性能已经毫无意义，单线产品的技术完美主义也走向了尽头。汉卡正在走向生命周期的最后时光。

      汉卡日薄西山，主板虽然销量大但利润薄，代理产品的行情也越来越不乐观。联想需要快速找到第二增长曲线，于是联想选择的战略方向是家用计算机。但它采用的武器需要从批判定式思维开始。采用哪种销售渠道至关重要。

      此时占据联想88%左右销售额的各种代理产品，基本都是采用直销模式。代理业务一直风生水起，也让"直销"这种渠道销售方式变成联想体系的一部分。人们习以为常，并将其视为企业的传统。

      但在联想代理惠普绘图仪的时候，联想发现惠普绘图仪部门采用了"分销"的方式，也就是将绘图仪通过一级一级大小不同的代理，传递到最终用户手里。联想意识到了惠普"分销"的力量。稍加改造之后，联想向它的分销商发布了"中关村的第一份国产代理合同"。尽管惠普在中国有几十家代理商，但在联想绘图仪器部这里，代理商在PC产业的关键价值才得以挖掘和放大。在代理商延长线的另一侧是无限靠拢用户的可能性。它就像一个扩音喇叭，可以迅速将信息传递到更广阔的人群中。

如同联想从AST代理商的角色中看到AST模式的价值一样，联想绘图仪器部从惠普代理商的角色中也看到了代理商模式的价值。总代理商和分销商的普及也是中国IT行业真正意义上的渠道里程碑。此时，很多新鲜的商业模式开始接连落地。麦当劳在王府井开设了北京的第一家餐厅，人们蜂拥而至。当人们在金黄色拱门之下享受便捷的快餐时，一种新的连锁加盟模式也由此进入了中国市场，开启了餐饮连锁的新时代。

代理商模式快速展现威力，这让联想绘图仪器部的销售额由两年前的3000万元迅速扩大到2亿元。这样的成绩自然引起了联想高层管理者的注意。

在将触角深入到消费者身边时，如何打开消费者的心智才是最为艰难的一步。1992年，联想成立了家用电脑事业部，这看上去是联想电脑进入普通家庭的前奏。然而如何打开冰封之下的大江大河还需要更多的概念普及工作。

联想推出了"1+1"口号，人们对其有着各种解读，"1+1是教育电脑+家庭电脑"就是其中的一种。它用最贴近百姓的语言，逐渐融化了消费者对科技产品的认知寒冰。但市场上几十种不同的计算机品牌，百余种不同的配置，数百种不同的软件，让还处于觉醒期的消费者很容易陷入选择困难症。企业依靠自有的销售人员，完成单价不高但又如此复杂的直销工作显然有一定难度，而分销商则可以迅速扩大局面，因地制宜地为身边的消费者答疑解惑。这对于捕捉更多对计算机好奇的消费者效果极佳。

联想微机事业部决定废除直销机制，引入分销体系。这种做法引起了联想内部巨大的反弹和担忧。毕竟，联想过去一直以亲自把产品直接递交到客户手里为荣，高达80%的销售额正是来自直销渠道。

纷争迭起代表了人们对于产品采用何种交货方式的不同看法，这也意味着商业文明在高科技领域才刚刚普及。渠道的核心价值还未被人们真正重视起来。对于PC而言，渠道对于整个产业的价值贡献经常会被误解。实际上，戴尔引入直销方式本身就是一个巨大的创新，在某些场合甚至超越了技术本身。

然而，家用电脑在中国还处于引入期，只有将触角伸到每一个用户的身边，这样的产品才有可能被接受。也只有靠像毛细血管一样密密麻麻的渠道才能做得到。联想最终做出了采用分销方式的关键转变，而"让渠道赢"也成为联想微机扩大经济型计算机市场份额的大杀器。

联想的家用电脑事业部与商用市场明确区分，这大大丰富了PC的内涵。尽管"家用电脑"的准确内涵还无法定义，但人们模糊地感觉到，PC正在从商用领域进入家庭。仅仅将商用电脑直接家用化并不能解决问题，只有真正为家庭而开发的"家用电脑"开始出现才有真正的机会。这种区分并非只是一种概念游戏，而是要进入设计理念。而简单化、经济化则是最基本的要素。

当联想第一次发布以家庭为销售对象的E系列经济型电脑时，家用电脑之战开始真正打响。人们逐渐弄清楚了个人消费电脑的真正含义。过去两年时间，是从概念到产品落地的完整阶段。E系列经济型电脑原原本本地贴近了用户的需求。为了降低成本，不锈钢机箱被重新开发，因为从中国台湾地区购买的机箱成本依然过高。每一个部分的成本都需要进行评估，连包装箱和泡沫塑料也不例外。

这款386电脑是国内首家报价在1万元以内的电脑。它发挥了兼容机的价格优势，只有国外品牌机器价格的1/3。而通过规模性的生产，也消除了普通白牌电脑常见的质量缺陷。只有真正将"家用电脑"的属性吃透，市场才会给予回报。仅仅一个月，这款电脑的销量就达到5500台，家用电脑终于突破了人们的心智而被越来越多用户所接受。

在1994年的中国微型计算机市场上，联想销量超过5万台，而联想在1990年到1993年之间一共才销售5.6万台。尽管与销量超过10万台的康柏和AST还有较大差距，但在一个PC国产品牌稀疏的时代，联想正在稳住阵脚，扛起"民族工业大旗"。

1994年是一个良好的开端，这不仅仅体现在分销渠道的优势上，电脑的生产方式也进行了巨大的变革。联想改变生产与销售分离的局面，开始采用以销定产的方式，压缩制造周期。同时，联想开始设置安全库存，作为用户订单和按订单生产之间的缓冲。PC可能是所有产业中价格下滑最快的"滑雪选手"之一，总是处在一股冲动的跌价通道之中。认识PC的价格波动周期，在浪潮来临之前备货，在浪潮落下之前出货，就是PC市场以快制胜的法则。

中国制造对于渠道、对于生产的认知正走在快速探索的道路上。

然而，更大的挑战随之而来。软件也经历着前所未有的困难，中文版的操作系统UCDOS一度占到中文操作系统市场份额的90%以上，但这些都是以MS-DOS为内核所开发的。当Windows中文版操作系统开始进入中国的时候，原本凭借汉字作为屏障的国产品牌，几乎完全被冲垮。

1994年结束时，中国的PC市场进入了一个忐忑不安的拐角。在那里，一种与国际潮流相融合的强烈愿望正在升腾。这一年，全球PC销量达到4000多万台，实现了大幅增长。在美国市场，PC销量第一次超过电视机和录像机，成为成长速度最快的消费电子产品。而那些国际PC巨头们则感受到了另外一股不安的气息。陌生的火山层正在喷出爆发前的浓烟。

04

计算机的碰撞

信息技术与通信技术在相当长的时间里，各有自己的发展节拍。而且二者的差别总是容易被人们忽视。这使得同时拥有信息技术与通信技术业务的多元化公司，在实际运营上会出现巨大的困难。而且信息技术行业的疆土总是在扩张，在无尽的前沿之地充满了模糊的边界。企业决策者不得不反复判定哪些是自己该做的，哪些是自己不该做的。

4.1 到处都是微软的敌人

1994年世界上只有2700个网站，而在1995年则达到了2.3万个，增长了近8倍。人们正在逐步熟悉一种新的连接世界的方式。PC成为人们领略这种方式的最佳工具。如何将个人计算机从不太友好的技术系统，转向一种界面友好的算力？图形用户界面（GUI）交出了一份令人满意的答卷。

1985年发布的Windows 1.0操作系统由11万行代码所编写而成。尽管计算机的界面看上去好看多了，但关注的人仍然很少，人们依然沉浸在MS-DOS操作系统的世界。其中真正的原因在于算力稀缺。只有到突破16位微处理器的386和486芯片发威时，人们才从黑色的命令行窗口，转向明亮多彩的友好界面。

这种友好界面，在微软为IBM开发的OS/2操作系统上，不断进化。这给苹果的Mac造成了巨大的压力。微软和苹果开始相互指责，在经历了一场"界面位置是否是知识产权"的官司诉讼之后，苹果输掉了官司，界面正式成为人类公共知识资产。

1990年微软发布了Windows 3.0操作系统。它的销量远远超过微软给IBM开发的OS/2操作系统。同一拨人开发，二者的技术到底能差到哪里去？这再次表明了在快速发展的PC时代，营销比技术更重要。

这是一种机器与人类文化的同步性，也使得计算机越来越具备"人机共生"的特征。它超越了一个民族、一个国家的认识，而在全球范围内，让计算机更具备共性话题。

而在1995年，微软的Windows 95操作系统在全球发起了盛大的营销宣传。超过40万行代码的Windows操作系统，开始逐渐成为主宰个人计算中心的平台。在这之前的十年，个人计算机正在快速告别"专家使用"的时代。微软被看成IT行业大赢家的企业，也非常擅长造势运动。然而，搅得IBM心神不宁的微软，此时会感觉到江湖上四处都是陌生而可怕的面孔。

1995年上市的网景公司成为一时的焦点。发明了浏览器的网景如日中天，人们突然发现，浏览器成为互联网的入口把关者。1989年，伯纳斯·李成功开发出世界上第一个Web服务器和第一个Web客户机，一边是将超级链接文本放到网上，一边是负责接受信息的访问。这些信息以"页面"的形式存放，并且相互连接。1991年第一个万维网网站开始出现，它可以对外公开使用。

不断的学术尝试，在IT小圈子里受到不少技术高手的关注。美国国家超级计算机应用中心的马克·安德烈森敏锐地意识到它的商业价值。正如比尔·盖茨当年立志让每个人都用上电脑一样，这位程序员也有同样的感受，那就是"让每个人都访问Web页面，是一个巨大的商机"。于是，网景浏览器应运而生。随后又有几十种浏览器迅速出现在市场上。这项从1969年就开始用于军事、政府机构和学术的工具，终于成为普通家庭可以使用的信息平台。

网景并非独自创造奇迹。网络设备公司思科，成为互联网背后的路由器和交换机一家独大者，并在股市上有着惊人的表现。1994年的思科，占标普IT行业指数的2.5%。这些疯狂的指数，照亮了人们对于未来的想象。企业家们不会看不到这些刺眼的信号。

可以说，1995年是互联网开启商业化启蒙的关键一年，就像是冥冥中有某种信号的约定，亚马逊和eBay也都是在1995年成立的。

对用户而言，这种感受是相当奇特的，就像是一间四面封闭的屋子突然变得透亮起来。一种新的计算力从天而降，为PC推开了无数扇向外张望的窗口。

这个窗口的比喻，对于Windows"视窗"操作系统看上去是一个致命的打击。微软很快感受到了浏览器对于操作系统的威胁。浏览器的很多功能，看上去跟操作系统有相似的地方。它可以打开文件、可以运行程序，而且完全可以跨硬件运行，不同厂商的PC、工作站都可以用同样的界面运行。

1995年5月的某个深夜，微软3万名员工都收到了总裁的午夜邮件，要求积极应对"互联网大冲浪"。匆忙应战的微软研发出的头两个版本浏览器，相对网景的产品而言，显得过于幼稚。

微软需要分心的事情，还在于PC行业出现的新秩序。与康柏同时成立的Sun，在1985年推出了基于精简指令集的RISC工作站。公司自研的SPARC芯片，将工作站性能大幅度提升。Sun低价格的工作站，开始向计算机市场的恐龙算力进行挑战。

两种操作系统也在均衡之中。Sun在UNIX操作系统基础上形成了性能优异的Solaris系统，从而避开了UNIX版本一直存在的不太稳定的问题。而苹果所开创并被微软发扬光大的视窗系统则简化了计算机的复杂度。多用户、多任务操作系统UNIX的字符或文本模式与Windows图形用户界面，开始出现相互接壤的局面。

Sun的崛起，连同阿波罗工作站，直接威胁到了小型机的创始者DEC以及惠普的地位，而后者也一直向IBM大型机的主导地位发起挑战。

与此同时，英特尔的x86芯片的性能越来越优越，使得高端PC也在侵蚀工作站的地盘。微软为服务器开发的分布式多任务Windows NT操作系统，也在冲击Solaris的地盘。这像是一个连环大碰撞。计算机的市场，出现了大型机、小型机、工作站和PC相互重叠、相互挤压的局面。

Sun的硬件和操作系统，都显得无懈可击，大量地蚕食小型机市场。此时Sun公司的工作站的最低价格只有5000美元，其实完全可以面向主流消费者。但复杂的操作系统，限制了它发展的步伐。Sun一门心思地服务专业技术人员，而对大众消费市场置若罔顾。它提出了"网络就是计算机"的理念，在当时的专业人群中，非常具有吸引力。这种没有硬盘、没有驱动器的网络电脑，看上去又像是PC的终结者。

Sun的Java语言，也正在形成新的底层根基。当时很多设备都已经计算机化了，而控制这些设备的远程计算机，却使用着不同的系统。Sun的Java语言，可以做到与硬件无关，这主要体现在其跨平台性和在虚拟机的使用上。Java程序能够跨越不同的硬件平台和操作系统而运行，从而简化了跨平台开发，并提高了程序的可移植性与兼容性。大量软件公司转向了使用Java语言来编程。就Java跨平台的语言特性而言，它可以控制不同的操作系统。这意味着微软的操作系统只不过是一个网络节点而已。微软和英特尔，还有PC厂家如惠普和戴尔，都有强烈的冲动，杀入这个兴旺的互联网服务器行业。

如果说网景的浏览器有直接取代Windows操作系统之势，那么编程语言则在底层动摇了微软帝国的根基。而野心勃勃的甲骨文公司则在践行Sun的"网络即计算机"的概念，推出的简化型网络计算机不需要运行在Windows视窗系统上。网络是计算机，浏览器是操作系统，那还需要微软的Windows操作系统干什么？

微软还有一个心烦的对手，那就是Novell公司。中小企业需要在内部形成局部联网，避免不了对各种网卡和路由器进行管理，局部网络硬件的操作系统就变得格外重要。1979年诞生的Novell公司靠着微机联网的局部网操作系统，也在飞速成长。1990年Novell的销售额为9亿美元，接近微软的11亿美元[1]。虽然1995年Novell的销售额已经达到20亿美元，但微软的增长速度更快。当Windows NT操作系统投放到市场进入企业级网络的时候，二者的遭遇战瞬间点燃。

从PC行业闯出一条路的微软，碰到的互联网麻烦，也正是整个PC行业所要经受的挑战。

---

[1] 姜洪军，《被并购的Novell：与微软先对攻后结盟》，中国计算机，2010-12-27，第054版

4.2 两条大河的分流

1995年，AT&T终于决定一拆为三。网络设备公司以及贝尔实验室被放在一起成为一家新公司，也就是朗讯。而包括此前收购的NCR公司在内的电脑事业部，独立出去面向新的电脑业务。AT&T母公司则成为一家纯粹的电信运营服务公司。

十多年前的拆分，是基于反垄断法的需要，美国司法部本意是要将西部电气设备也拆分出去。但AT&T建议将自己从地区电话的业务中剥离出来，而保留西部电气这一垄断性的设备制造商。最后七个独立的"贝尔七兄弟"被分离出去，贝尔实验室则保留在AT&T继续为七兄弟服务。虽然大量的通信研究人员已经被拆分出去，但网络系统设备保留了下来。

到了1994年，AT&T同时拥有电话、网络系统设备以及计算机业务，并开始出现明显冲突。网络系统设备公司，是一块非常优质的资产。这家网络系统设备公司作为AT&T的子公司，同时给AT&T和它的竞争对手提供设备，使得后者一直大为不安。而这家公司，跟其AT&T母公司总是存在行动上的分歧，公司存在的协同经营已经不复存在，取而代之的是明显的战略冲突❶。

大背景也在发生着变化。美国发布的新"电信法"，继续鼓励全面自由竞争。纸里包不住火，电话设备制造再也无法被AT&T容纳其中。

这次拆分，表现了一个巨头企业要横跨电信服务、网络设备和电脑等多元化业务的难度。这种战略简化的思维，反映了当时信息行业和通信行业有着明显的鸿沟。再大的屋子，也塞不下互不兼容的业务风格。电脑和网络设备，各有自己的发展路线。在主持拆分过程中呈现强硬姿态的菲奥莉娜，成为朗讯新公司的销售业务负责人。依靠拨号上网的互联网时代的到来，给朗讯带来了惊人的成就。

而NCR被剥离，则是AT&T对五年前的一次错误战略的修正。1991年AT&T收购了NCR，试图加强计算机业务的力量。与IBM的对抗，一直是它的战略心病之一。然而这种面向复杂商业用户的业务开拓，也非AT&T所熟悉。累计亏损十多亿美元的计算机事业部，也是一个巨大的包袱。具有百年历史的NCR公司，一开始就是做机械收款机业务起家的，这让它跟商业零售和银行，一直有着密切的关系。这也正是它建造自动取款机的根基。NCR在商业软件上同样有积极的进取心，收购了商业仓储数据库公司Teradata。但是，这些业务都明显呈现出异样的特质，让AT&T无法驾驭。当NCR独立出去后，AT&T就可以重新聚焦本身的业务。这种简化产品线的战略，无论在通信行业，还是在PC行业都屡见不鲜。

人们或许已经意识到，通信与IT是泾渭分明的两个行业。美国

---

❶　卡莉·菲奥莉娜. 勇敢抉择[M]. 蒋旭峰，译著. 北京：中信出版，2009:p117

AT&T在这一年"吐出"了专门从事设备制造的朗讯科技和计算机业务公司NCR之后，没过几年又先后出售了无线通信、有线电视和宽带通信部门。越来越多元化的通信行业，正在与IT行业平行发展，各展雄风。它们还要在更远的将来，才能实现融合，真正形成ICT行业。

是否需要做出同样战略盘算的选择难题，也丢给了联想的管理层。随着1994年联想新开发的5000门/台的局用程控交换机的出现，使程控交换机作为第二条主力产品线的呼声也开始冒头。

然而，程控交换机作为电话通信的重要组成部分，它的使用对象主要面向邮政系统。这是一套完全不同的复杂销售体系，而且账款周期往往拉得很长。这与联想集团所熟悉的商业模式迥然不同。程控交换机和计算机是完全不同的市场。更重要的是，在1992年之前，通信设备领域有200多家企业推出了低端交换机。❶而随着国产程控交换机巨龙04机技术的无偿扩散，使得大量电信局开始采用容量更大、性能更好的04机。市场格局已经大幅变化，更残酷的竞争开始打响。

04机是国内首台具有完全自主知识产权的万门程控交换机，可以支持接入1万台有线固定电话，还可以进一步扩容，打破了国外在该领域20多年的垄断。当开发04机的项目团队参与创立的巨龙通信公司成立的时候，万门程控交换机的技术，已经并非高不可攀。能够掌握渠道，才是获胜的关键。巨龙通信公司虽然掌握先发技术和首台套的优势，但其自身却是一个由多家机构组成的联盟。联盟内

---

❶ 封凯栋.潮起：中国创新型企业的诞生[M].北京：人民大学出版，2023:p263

有超过20家的国有企业在生产04机，但没有一家处于巨龙通信的有效管理之下。程控交换机的市场，在获得了令人兴奋的技术突破之后，出现了野蛮生长的状态。直到1999年，中国邮电工业总公司所改制而成的普天集团，获取了巨龙通信的大部分股权，但仍然经历了很长的阵痛，才最终消化了这家看上去有多种股权分布的企业。至此，原有04机所取得的先发性的技术优势，在松散的组织和残酷的市场竞争下，已经荡然无存。国内通信领域巨头，只剩大唐、中兴和华为在这条路线上继续高歌猛进。

　　联想决定放弃这条程控交换机业务线，专注于计算机的阵地。PC市场正在大举洗牌，联想需要聚焦战略资源，全力应对来自PC市场瞬息万变的挑战。也就是在这一年，联想汉卡也停止了销售。随着计算机芯片能力的增强，汉卡的作用正在急剧下降。联想需要全新的驱动力。

4.3 陷落的大象

1993年的春天是讨论巨人IBM何时沉没的最好季节，到处都是嘲讽的声音。当时刚刚出版的《电脑大战》一书，就是以IBM为例进行研究的。作者称"从1980年以来，IBM就是一个失败者，一个几乎在所有电脑技术领域都落后的失败者"❶。而《经济学人》则不无惋惜地指出，"IBM的失败正被视为对美国的一次打击"。这个被称作"一本制定基本原则的教科书"的公司，正在面临严峻的挑战。IBM最重要的主机业务，销售额从1990年的130亿美元下滑到1993年的不足70亿美元。而IBM内部不容乐观的报告中也提道："一大批快艇包围了一艘左摇右晃的超级邮轮（IBM）。"

整个IBM公司正在三种有害的情绪中挣扎。第一种就是电脑大型机没有前途，会让位于小型机和高端PC工作站。当郭士纳在这一年出任IBM首席执行官的时候，他很快就发现IBM正在和整个计算机行业开展一场认知战的较量。

---

❶ 郭士纳. 谁说大象不能跳舞[M]. 张秀琴，音正权，译. 北京: 中信出版集团，2015:p6

整个行业都在渲染大型机即将退位，这是一场由小型机尤其是工作站公司发起的企业IT计算主角的认知舆论战。当IBM的竞争对手如阿姆达尔、日立、富士通等不断夸大这种区别的时候，很多企业的首席信息官开始摇摆，这就损害了IBM多年来在大型机市场所建立的信誉。而IBM产品高昂的价格及企业慢吞吞的官僚作风和心不在焉的服务，自然也让心怀不满的客户期待寻找新的合作伙伴。

　　实际上，在航空公司或者工厂，大型机的地位依然坚不可摧。但PC巨头们"电脑主机已死"的宣传是如此成功，使得人们居然相信这样的基础设施已经转向台式计算机。而令人惊讶的是，IBM在相当长的时间里并没有对此做出公开而周密的批驳。

　　这个插曲最让人震撼的不是关于主机、工作站或者客户机哪种技术能否最终取胜的问题，而是计算机市场经常充满了大量非专业的评论。这些似是而非的论调，有时甚至会决定企业的生死。如果郭士纳没有通过更新技术、降低价格来坚定地捍卫IBM大型机的地位，那么IBM大型机很快就会因为财务失血过多而消亡，IBM也将不复存在。

　　第二种是必须夺回电脑的软硬件控制权。一种狂热而复杂的情绪，使得IBM陷入了对微软和英特尔的"仇恨和恐惧"之中。来自摩托罗拉的PowerPC芯片和OS/2操作系统，依然被寄予厚望试图夺回失去的天下。

　　然而对于丢失芯片和操作系统的控制权的痛感，显然已经是一种过时的怀旧思维。OS/2操作系统拥有强大的功能，但却被一个仅仅是技术合格的Windows操作系统打败，这表明IBM完全缺乏感知客户需求的能力。而当客户在通过直销进行电脑采购的时候，IBM依然是依靠缓慢的分销渠道，自然没有像康柏、戴尔这样保持敏捷的公司所具有的盈利能力。IBM过高地估计了公司对PC的热情和投入资源的能力，又过低地预测了这个市场的爆发潜力，导致PC的控制权很快被让出。在全球化的环境下，精心控制成本远非IBM的强项。然而PC的巨大市场规模，又让它容易成为一个企业形象的标志。因此，退出不赚钱的PC行业也不是IBM能够下定决心的事情。但在芯片和操作系统上打转，已经于事无补。这使得IBM不得不将新开发的OS/2 Warp操作系统，"屈辱"地迁移到Windows和UNIX操作系统之上。然而，这种顺从可能是IBM保持PC市场的最好安排，这是对PC生存法则的基本追随。即使最有天赋的IBM天才工程师，在由成百上千家的第三方软件硬件商所堆积起来的生态面前，依然毫无胜算。

第三种就是计算机行业进入横向分布式整合的时代，从头做到尾的纵向一体化整合已经不合时宜。IBM需要分拆成几个公司才能满足越来越拥有自主权的用户。

关于计算机产业形态的判断，则直接决定了IBM的未来战略。计算机垂直整合的时代，是否已经结束？对IBM主机业务的威胁，是来自一种Sun、惠普、硅图等借助UNIX操作系统所形成的群落力量。围绕着开放式的UNIX操作环境，摧毁了既有的封闭主机的基础。这些公司形成一种松散的联盟，合伙在吞噬IBM的业务。这正是IBM要被拆分的立论基础。对于未来产业形态的判断，计算机公司的战略取向有着重大意义，从而导致完全不同的产品组合。

在综合进行判断之后，IBM坚持了垂直整合的战略，但也做了进一步的延伸，那就是完善企业更需要的整体服务方案。因此IBM需要保留硬件、软件和服务的一体化，而不是分拆IBM。IBM选择了在基于硬件与软件的基础上，开始定型为主导型的企业进行服务的模式，并且推动网络化计算而不是封闭的独立计算。可以说，正是这两条战略判断将IBM这头正在陷落的大象拔出泥潭。此外，IBM还有第三条战略判断，即"个人电脑的中心地位将被取代"，则将被证明思考得过于仓促。IBM替PC行业做出了悲观的预测，但实际上它带来的只是"IBM个人电脑的中心地位将被取代"。PC的生命力，才刚刚上扬。

O5

计算竞争的分野

　　人们很难理解，这些带着高科技光环的明星企业，为什么会呈现出如过山车一样的命运。通过并购获得快速膨胀的计算机巨头，转眼间也会成为别人的猎物。计算机市场正在以一种横扫千军的力量，进行品牌清场。而在熟悉的地盘上，也总有陌生的新势力在快速成长。它引导着过去一直围着桌面而展开的计算力，走向一片新的疆土。

5.1 戴尔的战法

1997年，苹果公司几乎要破产了，留任的CEO正在寻找买家。为了挽救这艘正在下沉的船，乔布斯的回归可谓正当其时。他回来后大刀阔斧地精简产品线，并将戴尔公司作为假想敌，以此提振低落的士气。

这样做是有道理的，此刻的苹果有多落魄，戴尔就有多风光。这一年，戴尔正在引起更多的尖叫和注意。《商业周刊》认定公司创始人迈克尔·戴尔为"年度最佳25位经理人"之一。实际上戴尔公司已经开始在PC之外进行新的路线拓展。头一年戴尔已经推出新品杀入服务器领域。此时围绕互联网的服务器市场，已经被康柏、惠普和IBM垄断。然而微软推出的面向网络的Windows NT操作系统，让戴尔察觉到了新的机会。戴尔擅长利用这种商品化的力量，向专业封闭的系统进行挑战。

服务器的市场具有很高的利润，这让康柏可以通过服务器业务来补贴PC产品的微薄利润。这对于戴尔而言，形成了一 种不对称性的优势。要想更好地防御PC市场，戴尔需要主动向康柏发起战略上的攻击。

这也意味着PC制造商，需要多元化的业务，来构成自己的防御纵深。

戴尔同时也在工作站领域发起进攻。与PC相比，工作站在图形处理方面更加符合专业设计师的需求。此时Sun和阿波罗是行业的主导者。它们都是一体化垂直整合，甚至拥有自己的芯片。Sun的SPARC芯片和操作系统都形成了很强的一体化优势。而戴尔的进攻方式，简洁明了，那就是利用英特尔和微软所形成的PC垄断权，重新复制在工作站上。戴尔比任何公司都更加彻底地相信标准化的力量，相信芯片、操作系统的商业化力量。它只需要在规模上形成压倒性的数量，就可以将整个行业引入利润如刀片一样薄的市场。在成本悬崖上格斗，很多公司就会坠入深渊。

戴尔的追赶策略很有效，在1997年就成为全球第四大服务器制造商。1998年戴尔收入180亿美元，超过IBM和苹果，成为全球第二大电脑公司，仅次于康柏。戴尔的耀眼光芒，已经无法遮蔽。

正是这一年，戴尔的PC制造基地落户到了中国厦门。更早之前如实达公司等已经在这里建立了计算机与外围设备的制造基地。戴尔意图借助已经成熟的零部件和人才市场，继续复制直销横扫一切的模式。戴尔是一家对生产和供应链有着敏感嗅觉的公司。1999年，40家主供应商为其提供了90%的原料需求[1]。戴尔可以说是地地道道的供应链公司，它跟供应商紧密地绑定在一起。

供应链要极简、高速、通用。零部件可以说天天都在贬值，戴尔则引入了一种新的"滴血库存"哲学。有商品放置的仓库就变相

---

[1]　迈克尔·戴尔.戴尔战略[M].谢绮蓉,译.上海：上海远东出版社，1999:p229

等同于财务"滴血"。

戴尔的实用主义和狼性的进取精神，深刻地改变了PC行业的秩序。它让那些如惠普、IBM一般优雅行走的公司开始显得臃肿和笨重。轻盈是戴尔的制胜法宝。在PC起跑线枪声响起的时候，戴尔选择了与众不同的赛跑方式。它从一开始就是模式制胜，而并非单纯依靠技术的力量。1999年，当戴尔作为龙头的时候，就在一个本来可以做成高毛利的行业中，选择了5%的营业利润。这几乎锁定了这个行业今后的发展方向，想获取高于戴尔利润率的企业，将很难生存。

5.2 微软大嗓门与康柏并购翻车

　　成功的企业，也会有恐惧的阴云需要驱赶。为了防止美国司法部的分拆，微软曾经四处抗争。在1997年全球重要的IT盛会——COMDEX'97的展会上，比尔·盖茨谈到了"热爱PC的十个理由"，并且质疑司法部对浏览器进行的反垄断调查，"为什么从DOS转向Windows不是垄断，而将操作系统进化到带有浏览器功能就是垄断？"微软不仅在用户端发力，而且也在互联网的服务器端发力。尽管大量服务器依然采用UNIX操作系统，但微软在前一年发布的Windows NT 4.0操作系统已经引起部分用户的关注。微软在后续的版本中持续发力，将操作系统在PC的统治权，复制到了服务器上。

　　COMDEX'97展会上的主题演讲代表了IT行业的未来。另外三家演讲公司分别是思科、Novell和康柏，它们则进行了针锋相对的发言。思科认为互联网将成为生产力工具，改变工作、娱乐和学习，并决定公司的生存。这句话对PC制造商而言一定非常扎心。Novell则做了某种程度的附和，认为"网络的新面孔将是人类，网络将了解每一个浏览者的愿望和需求"。但在1995年就已经取得全球范围内第一大PC市场份额的康柏，则坚定地站在PC立场上，声称未来的PC会进化到复杂化的装备，带有互联网和有线电视的功能。IT行业的未来发展方向依然有很大的不确定性。

在PC和服务器方面都有良好表现的康柏，于1998年以96亿美元收购了全球第四大计算机公司DEC。后者是小型机之王，以厚重的技术积累而著称。康柏如愿以偿地进入企业计算的商业大客户领域，然而这竟是一场新的苦涩之旅。

DEC面向的都是大客户，提供如当今服务器一样的产品。服务是重中之重，这跟康柏通过层层渠道分销、重视快速出货的风格完全不同。

DEC是典型的工程师文化，对技术逻辑严谨异常。但遗憾的是，这种文化被同时带到了营销领域，DEC坚持认为"一款优秀的产品能够被自己卖出去"。这种理念，没有意识到在计算机领域，只有受到过高等教育的消费者才能接触这样的产品。而对价格，DEC又有着过剩的自信心，不屑于打价格战。DEC没有意识到，营销一直是PC最重要的竞争力之一。这种文化缺陷，使得DEC接二连三地错过了消费者市场。

康柏也无法改变这一点。计算机行业的并购，经常会出现文化不相容的局面。两家公司的渠道、人员气质都无法充分整合。

这一次，二者的结合就是一个悲剧。悲剧的续集，仍将是悲剧。

5.3 惠普的不适与黑莓的探索

1996年，惠普也开始大幅度削减基础研究费用，向竞争对手戴尔看齐。这一策略也由后面两任CEO加以贯彻执行，投入的研发费用也一直没有超过销售额的8%。低比例的研发投入已经成为常态。但追随戴尔的策略，让惠普失去了战略定力。

迷失中的惠普，不仅失去了参与互联网的机会，也在Wintel和RISC之间左右为难。董事会也在饱受惠普创始人的孩子所施加的影响下，错失掉纠正的机会。

惠普1964年的总收入为1.25亿美元，几乎全部来源于测试仪器的销售贡献，而在1994年，总收入为200亿美元，其中测试仪器业务的销售收入只占22%。计算机产品已经呈现了良好的发展势头。

惠普的RISC指令集，尽管在小型机时代运行良好，但是它对惠普进入PC领域却是一个沉重的包袱。这并非单纯从成本角度考虑，而更多是一种思维约束。商用计算机的供应商，往往都自己开发大量的软件，从而使其与硬件完成适配。然而在个人计算机市场，更加鼓励的是标准化的界面，搭配第三方的商业化软件。那些经历了大型机、小型机的制造商，因为习惯于封闭的软、硬件一体化，往往都很难适应开放式分工的变化。

惠普在自有的HP PA/RISC指令集和英特尔芯片的技术路线之间开始徘徊。这本质上是在科技精英化的一体化整合，与科技商品化的纵向整合之间的摇摆。这种摇摆反映了两种对待技术应用的不同取向。科技精英化的拥护者试图保持封闭的一体化制造，而科技大众化的信徒则鼓励全面的开放，通过纵向整合使得更多参与者加入进来。从公司内部而言，也是两种不同理念争抢企业资源的斗争。前者试图将芯片和操作系统都把控在自己手里，掌握利润的分配权，而后者则为了寻求更大的市场份额，尽管这种做法会将零部件主导权送给英特尔和微软，而使自己陷于低利润的危险境地。

形势已经不容许惠普从容做出选择。英特尔芯片的CISC架构体系的性能，已经超越了惠普的RISC，这是由规模效应所决定的。英特尔的芯片数以百万计，而惠普只有几十万❶。后者没有机会修正高成本带来的不利。人们正在用行业标准的架构建立工作站，用来取代小型机。而惠普小型机系统，正在面临巨大危机。

考虑到专有芯片投资越来越贵，惠普决定与英特尔合作开发一种新的64位处理器的芯片架构。然而，当双方合作花费50多亿美元之后，却发现这款芯片存在高能耗和难散热的问题。而数据中心提供商的兴趣，也已经发生深刻的变化。他们更喜欢32位处理器的廉价服务器。这是一场巨大的投资灾难，几乎就在同期，摩托罗拉建

---

❶ 罗伯特 A. 伯格曼，韦伯·麦金尼，菲利普 E. 梅扎. 七次转型：硅谷巨人惠普的战略领导力[M]. 郑刚，郭艳婷，等译. 北京：机械工业出版社，2018:p133

立卫星通信网络的"铱星计划"项目，也掉进了同样引人注目的失败沼泽地。这之后，惠普再也没有能力挑战 Wintel 霸权。这次事件导致了 1998 年惠普高层的决裂和动荡。惠普只能放弃芯片的自研，义无反顾地进军个人计算机市场。

惠普还有要分心的事情。1997 年亚洲金融危机，使惠普仪器仪表业务的高利润受到威胁。该业务被分拆出去的呼声迅速变强。于是惠普出售仪器子公司安捷伦，这使得惠普能够更好地与 IBM、戴尔、Sun、康柏和新兴起的利盟进行竞争。

虽然惠普的收入已达到可观的 430 亿美元，但在"市值决定论"的视野之下，惠普的出色表现并没有让它变得更加亮眼。在互联网的耀眼光环照射下，惠普看上去更像是一个问题公司。这种外部的怀疑和责难，使得惠普加快了自我变革的速度。

PC 行业呈现出高速奔跑、容量巨大、利润超低的特征。微软与英特尔的联盟导致 PC 制造也只能是成本至上，这对于强调创新的惠普文化是一个严重的挑战。而公司在 1999 年上任的 CEO 卡莉·菲奥莉娜，则试图将一种狼性文化塞给惠普。这也给惠普之道，留下了新的伤口。

许多新的技术潮流也在涌现，无线电和计算技术的结合就呈现了非常惊人的爆发力。要将二者统一，不仅需要技术的突破，还需要有良好的用户界面体验。

1999 年，加拿大 RIM 公司推出的黑莓手机，展现了信息技术与通信技术开始融合的魅力。RIM 公司很好地结合了人们在移动商务中，对于电子邮件的需求。1999 年正是电子邮件在美国非常普及的时候，电信运营商下调价格，促使移动设备也可以收发电子邮件。这带来了巨大的便利性。既有的手持终端PDA装置，由于功能单一而被迅速抛弃。

然而有更多的人机工程因素需要考虑。最早的手持键盘设备，照搬了计算机键盘的QWERTY布局。但键盘过小过密，只能用食指敲击。制造寻呼机的RIM公司，创建了一个"肌肉记忆"键盘❶，专门为大拇指准备。这样人就会用最舒服的姿势，即四指托住设备底部而用大拇指进行字母敲入。这种焦点从食指转向大拇指的微小移动，塑造了一个"大拇指英雄"。

而从算力角度看，真正引人注目的是微型化的空间。RIM公司曾经将英特尔386芯片的变体型号引入寻呼机，这样就可以在更小的空间里寻找计算力。而随着黑莓手机的普及，一种前所未有的体验正在获得广泛的认同，一个手掌也可以拥有一个操控通信和计算力的空间。

计算力正在不同大小的屏幕尺寸上弥漫，人们已经分不清楚挑战从哪个方向而来。

---

❶ 史蒂夫·哈姆. 完美竞技[M]. 张晓林，乔燕，译. 北京：中信出版集团，2010:p233

科技平民化蔓延

　　在中国，PC正在小心地走向消费者市场。这是一个高科技产品走向平民市场的关键时刻。任何一门技术，如果不能让普罗大众受益，那么它就不会造就一种现象级的商品。科技平民化的历程有时候会很长，技术看上去是关键的阻碍力量，但价格和消费者的认知，其实才是真正的拦路虎。

6.1 一战成名

1995年，中国电脑市场已经高速启动，以每年50%的速度增长，市场销量达到了110万台。海外品牌则呈现了压倒性的优势。上一年获得全球第一的康柏，也在这一年战胜AST成为中国市场的第一。这些品牌通过宣传攻势和技术优势，凭借Windows中文版将原本有汉字屏障的国产品牌几乎冲垮。而且它们开始在中国建立工厂，IBM和长城在深圳建立合资工厂，IBM出资占比为80%。到处都是海外品牌的天下，市场前五名品牌中只有联想一家中国企业。

此时的联想已经在价格战中找到了自己的节奏。而联想年产10万台微机的数据，自然也使得集团上下对1996年的公司发展充满信心。

联想决定系统性地发起一场价格战。1996年以前，在国内销售的大部分国外电脑都是上一代产品。当这些产品在国外销售快要接近寿命周期的时候，就会转移到中国作为主流进行销售。因此国内所谓的"先进电脑"，与国外总是存在一个时间差。此时在中国电脑主流市场最畅销的依然是486电脑，而海外早已是586电脑。国际品牌的586电脑，通过极高的价格，将商用场合和行业用户作为重点销售目标。而联想则认为，"家用电脑"是一个被低估的潜在市场。而价格与电脑的代差则是突破的关键。

由于芯片价格往往占据电脑成本的1/3左右，因此判断芯片的降价周期至关重要。联想对此提前做了充分的推演，当英特尔586芯片全线降价的时候，联想电脑也同步进行降价，将750MHz产品直接降低到1万元以下。这是第一次品牌电脑与芯片降价的无时差战役。而重点战场就开辟在家用电脑领域。

整个行业都从不同的角度捕捉到了家用电脑开始普及的时机。英特尔在1993年就推出奔腾电脑，但依然以商用市场为主，并没有对消费者市场报以信心。但随着1994年光盘软件和多媒体附加卡的需求突然涌现，使得很多电脑制造商不得不加装光驱和声卡。电脑多媒体的时代，意料之外地出现了。多媒体带动了家用电脑的发展，家庭用户比企业用户更能接受奔腾电脑。这一年，奔腾电脑在美国有一半以上都卖给了家庭用户。这完全超越了英特尔对奔腾芯片的设想❶，也使得奔腾II代芯片得以加速开发，其重点就是提升多媒体处理能力。

联想决定将天蝎电脑的市场定位瞄准多媒体电脑。此前中国电脑市场与海外市场在机型上有1~2年的时差。而现在要快速推动家用多媒体电脑发展，联想需要准备好一套复杂的策略。分销商要备货充分，制造要高效迅速，营销要广而告之。控制出货节奏非常重要，电脑行业的产品更新飞快，产品贬值速度也令人心惊。人们很

---

❶ 虞有澄. 我看英特尔[M]. 北京：生活·读书·新知三联书店，1995:p270

容易掉入"633"的快速跌价周期，也就是经过6个月的研发制造期后，只有3个月的黄金销售周期，剩下的3个月就只能处理库存。

要避免"633"陷阱，就需要企业快速备料，不能提前压周期。海外品牌往往需要3个月才能完成备料开始生产，而联想采用的新武器，就是"快速制造"，将备料与生产周期压缩到1个月。对价格持续下降的元器件来说，提前1个月采购比提前3个月采购，会产生巨大的成本优势。

在整个春天，外资品牌的奔腾电脑售价依然在2万元左右。联想则采用连续降价策略，进一步打乱了海外品牌的价格节奏。当海外品牌售价是1.5万元时，联想奔腾电脑只售9999元。巨大的价格差，也形成了一种刺激销售的氛围。

这一年，中国的PC市场就像一匹脱缰的骏马纵横驰骋。1996年的万元奔腾之战，第一次消除了中国与世界的时间差。联想在这一年的中国市场份额达到8.3%，超过了IBM的6.5%。

1996年的较量看上去是价格之战，但实际却是一场认知战，那就是家用电脑市场看上去正在成为一个可以独挑大梁的市场。这一年对中国PC行业而言，是一个重要的年头。此前跟随海外品牌的策略，只会越做越弱。但这一年经历联想反客为主之后，反倒是国外品牌有些跌跌撞撞，而国内品牌被空前激活了。中国品牌不再一味等待芯片降价，扭转了多年来被动应战的局面。

除了价格，更为重要的是电脑的实用性。在过去两年，家用电脑市场虽然有所增长，但是其市场占有率仅为6%左右❶。而在1996

---

❶ 《'96城市家庭：家用电脑将逐渐进入成长期》[J]，今日电子. 1996(03):p141

年联想还与宏碁合作，生产了低配置的全民电脑"双子星"。之后联想推出的多媒体电脑"天蝎"，使得PC有了面向消费者的声音与图像价值。联想刚成立的个人电脑研发部门所推出的"幸福之家"软件，也起到了重要的推动作用。"幸福之家"软件在Windows的界面上，模仿了家庭的真实场景。事实证明，这个界面就像一座桥梁，引导着更多普通人走进电脑的世界。此前联想十多款机型组成的家用电脑系列，利润并不高。而从天蝎电脑问世之后，联想才真正品尝到利润的甜蜜。

PC的功能属性大大加强。这比单纯的CPU性能提升对消费者的意义更大。可以说，联想用功能电脑的理念，跑赢了性能电脑，将PC送入了家庭大门。

这一年最好的消息是，国产品牌证明了自己可以在外商品牌主导的PC市场大展拳脚，并且有能力夺回主动权。

6.2 再无时差

PC 的竞争力，有一个关键的发力点在于渠道。无论是直销，还是分销，对于 PC 这种容易快速贬值的产品而言，都值得仔细经营。

在1997年之前，联想对于渠道业务的管理，始终采取粗放型的铺货与回款方法，虽然在扩大市场方面取得了突飞猛进的发展，但对于产品流向和客户需求一点儿都不了解。三年前虽然大刀阔斧地建立了分销渠道，但效果依然不明显。从1997年起，联想公司开始精细化的渠道管理，正式提出了"大联想"的理念，建立与合作伙伴休戚与共的生态系统。此时回归苹果的乔布斯，也开始借鉴戴尔直销的方式销售产品。而康柏、IBM 都加入其中。戴尔的直销模式，早已成为行业惯例。而在中国，联想有不同的看法，普及家用电脑依然需要借助丰富的渠道网络，才能完成 PC 产品在人们心目中的渗透。为了更好地服务渠道，联想总部甚至对分公司采用了"夺权"的方式，剥离分公司的销售代理业务，分公司只承担支持分销商的营销和服务。

这是一种"让渠道赢"的方式。正当人们的关注焦点开始被戴尔直销模式的传奇所吸引的时候，联想依然坚决走渠道分销路线。联想需要为更大的战役做好准备。

1997年英特尔推出PII芯片，联想同步推出奔腾II电脑。所有的发布时间差，被剪掉了。当1999年英特尔推出PIII芯片时，联想也被邀请到发布会现场参加新品发布仪式。这是一个可以用实力赢得与世界同框的时代。

一代芯片，一代枭雄。IBM的第一代兼容式PC采用的是英特尔8088的微处理器，在1984年推出的286芯片电脑，继续领跑行业。而当它稍微推迟了第三代电脑上市的时候，康柏以386芯片的电脑拔得头筹。在486阶段，戴尔和宏碁公司先于犹疑的康柏抢得先机。在奔腾时代，以电话直销的佰德（Packard Bell）也迅速成为后起之秀。

如果说1996年是逆袭，那么在1999年联想表现得就更加活跃了。在头几轮降价的时候，大家都是围绕着奔腾二代电脑开始的，海外品牌也积极应战。早有准备的联想，随后直接将奔腾三代电脑的价格降到万元以内，再次搅乱市场。

海外品牌再也无法采取向中国市场甩卖旧产品的策略，而是要与海外做到同步更新。中国正在成为一个成熟市场。

在这个行业，批量生产就是一种巨大的优势。几乎控制90%以上PC芯片市场的英特尔，和控制60%打印机市场的惠普，都采用了同一种战术，那就是"不断推出新产品，让旧产品自我报废"❶。计划性报废，是芯片制造商发起的典型战役。无论是沿着同样路线追赶

---

❶ 虞有澄. 我看英特尔[M]. 北京：生活·读书·新知三联书店，1995:p288

英特尔的AMD、Cyrix，还是沿着RISC轨迹追赶的摩托罗拉Power PC芯片，都采用了同样的策略。而PC行业只能快步追随，慢吞吞的行动者只能出局。

1998年，对于Wintel联盟而言，双方出现了一种新平衡。英特尔的芯片终于追上了Windows系统所需要的算力。当芯片从奔腾一代发展到奔腾三代，微软则经历了从Windows 3.11、Windows 95、Windows NT 4.0到Windows 98 SE。此前芯片尚无法完全发挥软件的能力，但在1998年之后，芯片就呈现了过剩的计算容量。这意味着，用户不得不为多余算力买单，因此承担了过多的购买成本。

市场迎来了新锐势力和新的曲调。

6.3 来了一个同盟军

　　令人意外的是，互联网是在人们还未达成商业共识的情况下进入的市场。各家企业按照自己的想象力跑马圈地，描绘商业版图。1997年，联想与香港盈动曾有过一次接触，也是在探讨互联网的合作，但最后依然是围绕硬件展开。盈动看重的是联想全国的服务网络，期望通过合作拓展机顶盒的维修业务，而联想并不太看好机顶盒的业务。但是，当微软的"维纳斯计划"推出时，客厅的网络连接开始有了真正的意义。

　　1999年3月，微软耗资数十亿美元，在全球范围内力推"维纳斯计划"，向信息家电领域挺进。在国内，无论是电脑厂商还是家电厂商，都为这样一个围绕激活客厅的计划而兴奋。当时的联想、海尔、四通、步步高、裕兴等企业也都纷纷加入其中。这种装置通过Windows CE操作系统的简化版本，嵌入到机顶盒，然后连接到中国庞大的电视机资源（约3.2亿台）上。它的售价只有一台个人电脑的1/5，可以让大多数消费者领略到精彩的互联网世界。

　　人们都看到了信息高速公路的到来，自然设想出各种可能的商业模式。信息家电是非常讨巧的一种，它巧妙地借助了家电既有的通信网络。这是一次将个人电脑的功能整合到家庭娱乐系统中的重要尝试。PC界迫不及待地希望电脑可以更好地融入人们的生活。

然而，这个计划一开始就跑偏了。真正承载互联网的载体并不是电视，而依然是电脑。主宰客厅娱乐的计划，无法从家电升级开始。真正开启互联网内容热潮的，恰恰来自一批有新想法的人群。

主打网上冲浪的"瀛海威时空"网络，是当时中关村的潮流引领者。进入瀛海威时空，可以阅读电子报纸，可以到网络咖啡屋同陌生人交谈，到网络论坛中畅所欲言，也可以进入国际互联网。这是当时国内唯一面向普罗大众的信息服务网络。

这个被视作美国在线（AOL）翻版的瀛海威时空，其公司高层试图说服联想，让其每一台电脑都绑定自己的网络作为互联网入口。然而瀛海威时空的模式，并不容易被人理解。瀛海威时空购买了大量美国Sun服务器，看上去更像一个通信公司。而通信和计算之间的差别实在太大了。巨大的行业之墙依然横亘其中。但这并不妨碍热情的创业者蜂拥而入，瀛海威时空是一个轮廓清晰的学习典范。很多从事接入服务或者做内容服务的公司都在学习瀛海威时空的互联网模式，以及它背后的风险投资融资方式。市场也开始迅速升温。

所谓的"后PC时代"，有观点认为网络化计算意味着PC的中心地位被取代。台式电脑的计算负荷将大幅度转移到网络计算中，独立计算将让位于网络化计算。在广泛受到质疑后，IBM副总裁不得不出来解释说，这并非意味着PC的消亡，而是PC产业不再是信息技术行业的驱动力。PC地位正在下降，它将是一种接入装置、一个终端。

1999年，联想集团的收入为203亿元。在联想取得全国第一的时候，人们却开始怀疑电脑的市场前景。人们心里好像有一个"电脑看衰周期钟"，每过一段时间就会对电脑发展表示悲观。

此时任何一个与IT沾边的公司，都不得不严肃地考虑互联网的战略方向问题。惠普开始将注意力放在eService上，将服务网络化，通过远程来完成线下的许多工作。人们的心思，已经被互联网浪潮所搅动。迅速普及的家庭电脑，成为PC制造商为消费者建立想象力的最佳对象。

联想选择了不同的道路，1999年联想推出了天禧电脑。这种电脑可以一键上网，打破了网络与电脑的界限。在当时，上网连接和搜寻网页都非常不容易，而天禧电脑通过一键上网功能，使PC、因特网连接和信息服务三位一体。这也阐明联想电脑在互联网的三大业务布局：接入业务的各种电脑，就如同电视机；局端产品就如同电视台，包括网络服务器，如主页服务器、邮件服务器等；而信息服务就如同电视频道，包括网站和网页服务等。电视机、电视台、电视频道，样样都不敢放弃。

家庭电脑进一步细分为书房电脑、起居室电脑；商用电脑则分为办公电脑和移动笔记本电脑，都跟上网有关。建立如此多的名堂，都是为了降低人们的认知门槛，推动电脑进入千家万户。

此时，大量的家电制造商也开始进入PC领域。PC制造看上去是很容易的事，然而PC产业并非只有成本低廉这一面，它与家电的娱乐属性有着全然不同的行业特征。家电制造商很快就会体会到PC市场的残酷性。

天禧电脑的热卖，是台式机从商用进入消费者领域的一个很好的开端。而互联网则加速了PC的普及。二者相得益彰，共同涌向了欢呼的用户。

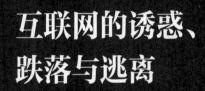

互联网的诱惑、
跌落与逃离

2000年以后，国内外的PC技术再无时差，品牌再无国界。而陌生的互联网行业，也正在播下新的混乱的种子。互联网是科技力量的最佳代言人。它像地壳积累能量一样不动声色，它像火山爆发一样冲天而去，它像熔浆入海一样留下永恒的礁石。科技力量的周期，不好预测，也难以驾驭。

7.1 联想的快进快出

中国真正感受到互联网的力量，源自中国公司在美国上市所带来的新闻效应。2000年4月，新浪在纳斯达克上市。随后几个月，网易和搜狐也陆续上市。尽管后两者在上市当天就跌破了发行价，然而上市公司的光环，已经吸引了人们足够多的关注。

虽然此时正是美国互联网热潮产生泡沫的时刻，但上述三大门户网站却给国内带来了互联网的振奋情绪，大量企业都意识到要想办法在互联网时代有所作为。就联想而言，要迎接新的浪潮，公司还需要做一次结构调整。

1999年，由于无法忍受不同事业部战略节奏的差异性，惠普公司将最早的产品仪器仪表事业部分拆出去。IT行业呈现出多元化趋势，面对业务之间的协同问题，企业经常会出现不良反应。

联想也面临分拆的局面。此时的联想，已经是一种混合文化的代表，公司旗下的联想集成系统有限公司（LAS）、联想科技发展有限公司（LTL）和联想电脑公司（LCS）各有自己的特色。其中LTL代理了100多种产品，包括思科、D-Link 路由器等，有着明显的网络设备属性。

2000 年年初，联想完成了分拆。以原有经营代理业务和系统集成业务的 LTL 为基础，成立了神州数码。神州数码带走了联想20%的员工和收入❶，且将不再使用联想品牌。而重组后的联想集团，则拥有剩余80%的员工和收入。同时成立联想控股股份有限公司，统管联想集团和神州数码。虽然联想与惠普的经历不同，但二者都对业务进行了划分。

分拆后的联想，正在踌躇满志地规划新的未来，而互联网自然是不能错过的时代列车。美国纳斯达克已经攀升到5000点以上，进军互联网已经成为所有IT公司的重要目标。

此时PC排名已经位于亚洲第一的联想，必须做出一个决定，那就是公司为了能在饱和的空间里继续保持增长，要么在熟悉的空间实行多元化，要么将PC推向全球化。2000年8月，联想的主要骨干专程去硅谷十多家全球企业学习。与IT巨头的交流，让联想高管对联想成为世界品牌的梦想心动不已。然而经过取舍之后，为了实现业务的增长，联想还是选择了多元化道路。

这或许也受到了中国台湾地区电脑品牌出海不利的影响。1998年联想集团管理层在针对中国台湾地区电子产业的考察之行中，发现了这个不利因素。台湾地区的制造能力非常强，按照OEM贴牌生产模式为IBM、惠普进行代工，且订单火爆。遗憾的是，虽然制造品质得到电脑巨头们的赞赏，但台湾地区的自有品牌仍很难进入

---

❶ 凌志军. 联想风云录：关于一个人、一个企业和一个时代的记录[M]. 北京：人民日报出版社，2011:p332

美国市场。

　　台湾地区的企业也曾经掀起以品牌形式参与国际化的浪潮，但成功者并不多。最后台湾地区厂商大多数只是专心以代工方式和聚焦零部件的方式，进入全球电脑价值链。台湾地区第一大品牌的宏碁电脑，则表现得非常活跃。宏碁非常注意不断制造议题，引起媒体的注意。宏碁的创始人热衷于制造各种理论的传播，制造价值链的"微笑曲线"更是广为人知。从某种角度而言，这也是PC公司的一种对外营销策略。宏碁称之为"穷小子文化"，力求"少花钱、多办事"。这种通过制造话题并运用文化营销的方式，极力摆脱了人们对低端品牌的刻板形象。而在国际经营过程中，宏碁采用了"全球品牌、地缘结合"的本地化经营策略，与之合作的当地合作伙伴往往都股权过半。这既有追求反应灵活的原因，也有在国际化发展中留下心理阴影的因素。1990年，宏碁在陷入意大利的诉讼官司之后，就开始采用海外负责人就是大股东的做法❶。国际化之路铺满荆棘，每一个国际化企业的口号，往往都是在掉入足够多的陷阱、支付昂贵的学费之后才真正提炼出来的。到了2000年，宏碁决定将制造业务剥离出去，成立了专门从事制造的纬创公司。而宏碁则专注于产品的设计与营销，全力推动品牌全球化。

　　为了扩大规模而贸然进军国际市场，显然需要承担巨大的市场风险。联想调整了"进军海外战略"，开始采取多元化的策略，做强本土品牌。联想同时分析了IT产业的39种业务模式，覆盖了从PC、互联网到加工制造的各项业务，并在这个基础上明确了自己的

---

❶　施振荣. 再造宏碁[M]. 北京：中信出版社，2005:p253

定位。

2001年，联想在财年大会上宣布了多元化战略，要从一家单纯生产电脑的硬件厂商，向全方位的IT服务提供商转变。针对家庭、个人、中小企业、大行业4类客户群体，分别组建六大事业部。消费电脑、商用电脑、数码相机、互联网、IT咨询服务、电子合同制造等业务都在其列。

对于雄心勃勃的企业，战略光谱上的每个区间都值得尝试。作为多元化战略的一个组成部分，互联网业务无疑是时代舞台上最耀眼的明星。

通过大张旗鼓的宣传，联想以FM365门户网站进入了互联网。这期间，FM365经历了快速的扩张，不断拓展内容频道。例如，通过投资入股教育机构开展网上教育、收购金融网站等方式，试图为用户提供更多的垂直服务内容。除了做内容提供商，联想也试图成为ISP服务接入商。但是，这些进展都不顺利，联想作为一家硬件制造商，在互联网内容的驾驭方面显得力不从心。

实际上，FM365最初只是天禧电脑系列的一个频道。这也决定了它似乎生来就是为硬件服务的。尽管联想从多媒体公司招聘了大量的网站编辑，但一直力不从心。与大多数新兴互联网公司一样，联想一直未找到合适的盈利模式。而销售行情大好的电脑所赚取的利润，却不得不向这个叫好不叫座的明星门户网站持续输血。这年冬天，对互联网行业而言已经寒意凛然了。纳斯达克指数下跌了39%，戴尔、英特尔的股票跌幅都超过了30%。即使是已经完胜网景、Novell和Sun的微软，跌幅也超过20%。互联网行业似乎没有赢家。

这股寒意，逐渐传导到了整个IT行业。在2001年开始继续发酵，PC也卖不动了。前一年还大把大把的订单突然消失了。

当电脑卖得好的时候，FM365起到了一个很好的明星宣传作用；而当电脑销售不景气的时候，它的亏损就变得分外扎眼。2001年年底，互联网似乎什么也做不了，ICP内容做不了，ISP服务做不了，电商也做不了。联想无法在自己不熟悉的道路上停留太久，在经历了一年多的大投入和大扩张之后，联想的互联网业务迅速收缩，最后将FM365转卖给了美国在线。

联想在互联网业务上表现得雷厉风行，避免了更多损失。

而无数的其他尝试，也没有取得明显的突破。MP3替代了CD机，给人耳目一新的感觉。但是当手机功能开始变强，音质越发清晰时，MP3看上去只是一个过渡产品。数码相机也是如此。它更适合嵌入其他产品里变成一种功能，而不是一个独立产品。这些眼花缭乱的电子消费品，将很快被拥有多种功能的新终端所取代。在联想多元化的尝试中，只有智能手机业务顽强地保留了下来。

7.2 落山的太阳，湮灭的朗讯

并非每个企业都能全身而退。对于很多明星企业而言，美国互联网的发展颓势带来了灾难性的后果。2001年，Sun的市值已经急剧下降，而它此后的余生都将在挣扎中度过。互联网泡沫的破裂，不仅带走了很多信誓旦旦的新星，也抛弃了此前技术超群的显贵。

此前，由于工作站的性能表现优异，Sun轻易地取代了由IBM、DEC、惠普等公司盘踞的低端小型机市场。从1986年上市到2001年，Sun的收入从2.1亿美元增加到183亿美元。如此令人侧目的增长轨迹，正是低价格计算机蚕食高阶产品的过程。

Sun的快速增长过程，意味着工作站和UNIX服务器正在将小型机清扫出局。小型机巨头DEC早已被收购，而拥有小型机业务的惠普，则靠着多元化的业务，成为少数逃过一劫的老牌公司之一。

Sun抓住了时代的浪头，但也在浪头上跌落。Sun的战略目标一直是向上看，其工作站业务不断蚕食着小型机公司如SGI、惠普和DEC的市场。然而Sun的视线过于专注，而忽视了身后正在崛起的个人电脑市场新力量。随着芯片性能的增强，奔腾芯片的部分性能已经开始超过 RISC 芯片，高端 PC 也开始侵蚀工作站的市场。

Sun 过于重视硬件的销售，而硬件的利润正在按照摩尔定律定义的速度被压缩。1998 年研发出的芯片，性能已超过了 Windows 98 SE 的需要。算力正在变得充盈，而软件则开始变得稀缺，属于软件的时代已经到来。Sun 本来最有可能在这次切换过程中成为与微软一决雌雄的角色。Sun 掌握了当时最好的多任务管理的服务器操作系统，也发明了与硬件无关、无须编译的经典网络编程语言 Java。这二者都是微软的弱项。微软此时正在艰难地将 Windows 视窗系统向工作站、服务器迁移。微软面向服务器的 Windows NT 操作系统，除了用户最喜欢的界面，其他方面与 Sun 的操作系统相比还显得稚嫩。

然而，站在 PC 平民化浪潮之巅的微软，有足够的资金和用户，支持它有条不紊地将操作系统和编程语言的差距一一补上。

当 2001 年互联网低潮来临的时候，Sun 所依仗的服务器销售突然失去了大量的客户。它的跌落速度超出了所有人的想象。网络时代的宠儿，最终被时代所抛弃。

互联网的浪潮卷走了两代豪杰。当互联网崛起的时候，将 PC 通过局域网进行组网的分布式方案，已经完美替代了小型机的集中式方案。先是小型机之王 DEC 开始沉没，计算力将不再被少数精英所垄断。而当互联网泡沫破裂时，工作站的佼佼者 Sun 也日落西山。搭载 Linux 操作系统的 x86 服务器价格低廉，使得 Sun 的高端 SPARC 服务器和 Solaris 操作系统受到了严重挑战。两个昔日霸主的沉沦，共同之处在于固守在一个专有系统之中。封闭的硬件与软件系统，很容易被计算力周期的浪头打翻。这是一代又一代人的教训。

此时，硬件和软件两大阵营的对决已经拉开序幕，互联网网站的软硬件分成两个流派：要么是基于微软操作系统的PC厂家如戴尔、惠普，要么就是基于UNIX操作系统的工作站如Sun、SGI和IBM❶。微软的视窗操作系统，正在大力借鉴UNIX的特点，使得后者在服务器的优势日渐变弱，而Sun对于可怕对手的进攻则过于漫不经心。

同样的败局，也发生在网景身上。尽管网景浏览器抢先胜出，但微软的浏览器只用了两年时间、经过四次迭代就抹平了二者之间的技术差距。微软的新浏览器很快追平了网景的市场份额。这再次体现了IT行业对于产品的要求：敏捷胜于完美。软件不需要等待将最好的产品推向市场，只要"刚刚好"就可以抢占市场。占领用户的心智才是关键，剩下的就是持续迭代，产品会变得越来越好。1997年，微软收购了Hotmail免费邮箱，这也为它带来了广泛的互联网用户群，进一步巩固了其浏览器的地位。

失去了技术先发优势的网景，在1998年被美国在线收购。然而，网景真正的失误，在于将自己定位成一个软件服务商。它只醉心于出售拷贝，在1996年它出售了4500套浏览器拷贝❷。而对于浏览器入口所带来的流量具有何种商业价值，网景却一无所知。

网景缺乏内容组织的经验，对用户需要什么并不关心。这个失误，让它放弃了作为一个网页浏览中心的可能性。它将浏览器默认

---

❶ 吴军. 浪潮之巅[M]. 北京：人民邮电出版社，2019:p321
❷ 保罗·弗赖伯格，迈克尔·斯韦因. 硅谷之火：人与计算机的未来[M]. 张华伟，编译.
北京：中国华侨出版社，2014:p357

启动页面拱手让给雅虎，使后者每天轻松获得数百万的流量。网景忽略了用户聚集的意义，放弃了对沉默个体的价值挖掘。即使作为门户网站的雅虎已经风风火火，网景依然选择视而不见。这种对商业模式想象力的贫乏，在技术天才的创业公司里屡见不鲜。当这些企业只专注于一种技术挣钱方式的时候，就会因为缺乏远见而被市场快速抛弃。这是IT行业的一大诡秘之处，在很长一段时间内，技术天才的企业家们往往搞不清楚真正的威胁和竞争对手。PC市场并非由技术天才所主导，只有敏锐的商业头脑才能打赢一场又一场的战争。

明星企业也难逃一劫。1999年的朗讯，市值已经达到2440亿美元，这是通信设备制造商最辉煌的时刻。五年前从AT&T分拆出来的朗讯，一直就是耀眼的明星。它不仅拥有大量的电话设备制造技术，还拥有了贝尔实验室绝大部分资产。

然而，2000年互联网泡沫的破灭，摧毁的不仅仅是互联网新贵，也涉及大量的基础设施企业。此时的朗讯，才被人发现居然在采用激进的金融手段做大业务。它通过金融租赁的方式，借给其他公司贷款来购买自己的设备。这种寅吃卯粮的方式，造成了互联网的虚假繁荣，也在落潮之时给自己带来了毁灭性的灾难。巨大的亏空呈现出来之后，它只能开始瘦身。贝尔实验室自然首当其冲地遭到清算，曾经耀眼的明星，从此失去了存在的根基。

朗讯的资产开始被拆分。2000年，朗讯将企业通信业务的语音服务公司独立拆分成为亚美亚（Avaya），后者在未来成为呼叫中心的重要设备提供商。而在2002年，它的集成电路业务部分也独立分拆。即使这样也无法让朗讯缓过气来，直到2006年被法国阿尔卡特收购。曾经极度膨胀的朗讯，在此时的估值只有120亿美元左右，低于上市时的估值。它的名字，已经不重要了。

至于局域网操作系统Novell与微软的Windows NT之战，则几乎在一开始打响遭遇战时就已分出胜负。局域网的使用者，往往也是个人电脑的用户，他们对Windows界面已经非常熟悉。使用Windows NT几乎是顺理成章的事，而无需重新熟悉Novell操作系统。这一刻，PC呈现了两栖动物的特征，用户将生活中的习惯带到商业体系中。微软对这样的角色切换游刃有余，这让它也形成了软件黑洞效应，市场上很难再出现规模庞大的竞争对手。

互联网泡沫的破灭，表明IT行业自身拥有快速的市场出清能力。当各家公司尝试着各种可能性的时候，IT行业通过一种破坏性的方式，清除了不可持续的商业模式。进化时间被高度压缩，幸存者变得更加强健。

08

全球化洗牌

　　果蝇是生物界赐予实验室的珍贵礼物。它可以让研究者在40天左右的时间里，观察到从卵、幼虫、蛹到蝇的生命进化进程。这就像是一个被按下了快进键，加快100亿倍播放的地球进化史。如果要理解全球化的进程，PC则堪称全球化实验室的最好商品。它反复清洗众多的幸存者，让人注意到全球化的本质其实是一个品牌加速收敛的过程。那些始终留在赛道上的选手，令人印象深刻。

8.1 惠普吞鲸各有不如意

互联网大大加速了 PC 的普及，也推动了 PC 的规模积聚效应，整个 PC 行业的板块开始出现巨大的变化。在 2002 年，互联网繁茂的浪花已经退去，康柏、Sun 和 IBM 等公司似乎变成受困于沙滩的鲸鱼。

2002 年，康柏被惠普以 250 亿美元收购。此前一年，它已失去市场领先地位。更早之前，威武一方的康柏收购了小型机先驱 DEC，而在更早的 1995 年它更是取得了全球 PC 排名第一的佳绩。时间轴往回倒转，到处都是荣光一片。然而，康柏从巅峰滑落到低谷，仅用了 7 年时间。

但惠普收购康柏这笔交易，在当时并不被看好。事实上，那时的惠普也出现了发展缓慢的情况。打印机与墨盒部门是惠普公司最大的业务部门，但它仍依赖于 1984 年所开发的产品。个人计算机业务干脆就停止了增长，甚至连保持收支平衡都很困难。软件和服务业务虽然在增长，但是它们在惠普公司的营业收入中仅占 17%。为提高个人计算机市场占有率，惠普与戴尔等公司大打价格战，从而严重侵蚀了公司利润，并痛失个人计算机市场的领先地位。

外界对惠普的批评主要集中在其未来战略的质疑上。PC和服务器市场的标准化，让整个价值链变得透明，每一家进入旋涡的企业，其成本结构都会显得十分脆弱。这对于以供应链见长的戴尔来说是一个福音，而对于惠普这种基于技术创新的企业来说则是一个威胁。人们质疑惠普是否应该加强在企业级市场的地位，而不是耗费250亿美元巨资收购一家低利润的PC公司。2000年美国个人电脑销售量增长已不到2%，而且美国已经有50%以上的家庭拥有一部以上的个人电脑。这样的市场是否还有前途？看衰的风声四起。这次并购甚至被看成是"市场占有率和成本削减的优势，而非独一无二的技术贡献"❶。

可是，惠普还能做些什么呢？惠普已经变成一个非常渴望新业务的公司，它急于跟IBM进行对标。进军软件和咨询服务行业，在此后很长一段时间主导了惠普的发展思路。2000年年底，惠普试图以180亿美元收购普华永道的咨询部门，几周后谈判破裂。而两年后，IBM仅以总价35亿美元现金加股票就成功收购。这难免让外界对惠普在软件业务的评估能力方面产生怀疑。

但所有旁观者都坚信，对康柏的并购并不值250亿美元那么多。而康柏，作为一代PC的传奇企业，迎来了它的谢幕。再大的PC企业，如果无法有效控制成本结构，就会很快衰落。PC行业，迎来了认认真真的全球洗牌。

---

❶ 戴维·帕卡德. 惠普之道：美国合伙人的创业思维[M]. 刘勇军，译. 重庆：重庆出版社，2016:p6

8.2 自由的笔记本时刻

2001年无疑是互联网最艰难的一年，但它也给PC带来了大量的应用机会，尤其是笔记本电脑。笔记本电脑的诞生可以追溯到20世纪80年代初。第一台真正的商用笔记本电脑是1981年推出的重约11千克的奥斯本1。而1985年东芝推出的T1100，在欧洲和美国市场上大获成功，进一步推动了笔记本电脑的商业化和普及化。然而，对于已经兴起的互联网，笔记本电脑的拨号上网仍然需要插一个外接的调制解调器。它与台式电脑相比，只是变得更轻便而已，上网依然需要受电话线的限制。

人们对芯片的兴趣，转移到了通信功能上。英特尔推出的奔腾芯片系列，一路沿着时钟频率和计算性能狂奔而去。但是，市场并不买账。单纯的性能已经不再是PC的主驱动力，市场需要更多的应用场景。从2000年开始，英特尔在股市一直呈现出疲软的状态。2002年的收入仅为268亿美元，与1998年基本持平，但利润则不到1998年的一半。

英特尔公司迫切需要找到反转周期的入口，带有无线技术的迅驰芯片担负了这样的使命。2003年英特尔推出的这款芯片，改变了上网方式，大幅度激活了笔记本电脑的活力。这是一种包含处理器、芯片组和无线网络功能的移动计算技术。产品轻薄化而且便于上网，使得笔记本电脑开始成为PC行业的新热点。PC从重量级移动计算设备，转变为无线连接的轻型移动计算设备，大大推动了移动计算力的普及和发展。

实际上，带有通信快速上网功能的迅驰笔记本，代表了技术创新的另外一种思路。它在时钟频率方面并没有更进一步，而是停下来与其他芯片的通信性能进行拉平。迅驰芯片，不再将侧重点围绕在台式机CPU的小型化和高时钟频率上，而是面向移动和通信进行发力。

然而，并非所有的厂家都表示认同。老对手芯片商AMD称之为"搅浑真正的创新""用控制组件的方式，填塞低劣的技术" ❶ 。

英特尔和AMD两大芯片厂商一直围绕处理器性能展开激烈竞争。英特尔的奔腾和赛扬处理器，毫无疑问占主导地位。而AMD陆续推出了速龙和闪龙系列，试图在性能上取胜。2003年，AMD更是突破了32位桌面处理器的边界，推出了全球首款64位桌面处理器Athlon 64。这是一款支持x86指令的个人电脑处理器。英特尔立刻做出反击式的应对，同样推出了64位处理器。

然而，PC市场的驱动力已经不再仅仅由性能驱动。超薄芯片的出现，再次为PC注入新的活力。彻底剪断电话线的时刻到了，笔记本电脑厂商需要迎头赶上这股新潮流。东芝立刻推出了一款仅重

---

❶ 方向前，方兴东．挑战英特尔[M]．北京：中国海关出版社，2004:p301

1.09千克的笔记本电脑，最薄处约为14.9毫米。轻薄的竞赛打响了，人们的注意力转向了PC的外部设计。

新的芯片计算平台为英特尔2003年至2005年带来了13%的销售业绩增长。移动生产力的革命就此降临。

笔记本电脑的普及，也带来了设计制造的新格局。台式电脑的设计，主要围绕价格和性能这两个维度。而笔记本电脑则还需要在便携性和可用性上展开突破。这就像在狭小的空间表演高难度的体操，空间限制着设计师天马行空的想法，也为制造工厂留下了无数关于散热、电磁干扰的问题。

而且，由于笔记本电脑会在更多时间伴随使用者，个人的情感因素也会注入其中。有个形象的描述是："笔记本电脑就如同珠宝饰物，是使用者个性的延伸。"❶ 显然，设计师需要权衡设计元素的比例，当将时尚元素添加到笔记本电脑设计中时，失败也很容易发生。实际上，越便于携带的设备，对硬件与软件之间配合的要求就越高。换一个角度说，人与硬件的交互度越高，软件与硬件的一体化要求就越高。

笔记本电脑的流行，也推动了新一轮的制造浪潮。由于笔记本电脑比台式电脑更复杂，因此需要更多的外部力量，这也使得代工设计与制造商数量开始快速增长。全球化分工变得越来越细致。

---

❶ 史蒂夫·哈姆.完美竞技[M].张晓林，乔燕，译.北京：中信出版集团，2010:p8

8.3　渠道模式斗法

2004年，美国大型个人电脑公司Gateway把日本的业务出售给戴尔，标志着其将从扩张性的全球市场收缩到美国本土。对于PC行业，一次收缩，永远收缩。守不住国际市场，也就很难坚守本土市场。反之，守不住本土市场，也难以驾驭全球市场。

对于联想而言，此时还在为多元化业务而苦恼。尽管联想已迅速退出互联网业务，但众多的制造代工、数字家庭和咨询业务则仍然让联想分身乏术。

最致命的威胁，是来自大举在中国市场攻城略地的戴尔公司。2003年，联想以分销为基础的模式受到戴尔直销模式的挑战，导致银行、大型企业等这类大客户流失严重。联想的多元化业务开展得并不顺利，而PC主业务也受到大幅度的侵蚀。2004年春节前，联想管理层反复复盘将近一个月的时间，才终于认定，多元化对于联想并非正确的道路。只有把PC主业做好，才能依托中国市场，向全球化拓展。

那么，如何应对戴尔的咄咄逼人？

联想组织了一个特别小组，重点研究戴尔直销模式的商业本质，力图在竞争对手最擅长的领域打败对方。

戴尔的直销模式表现了强劲的商业用户倾向，通过直销快速打开市场。这种直销，是一种商业模式的简化。这也正是PC商业属性的一面，只有直销模式，才能建立强大的关系连接，保持大客户的忠诚度。

戴尔的直销模式令人印象深刻。它的每个广告都会留下一个独特的电话号码，这样戴尔就能知道这个广告的投入产出。然而这并非直销的全部逻辑，它有一套完整的系统，对客户进行复杂的分层，并对客户关系、物流、资金流等都进行一个概括性的描述。这是一套涉及设计、制造的全系统改造，而并非只是渠道的变革。

研究小组注意到，PC在商用和普通消费层面呈现了既相似又不同的特点。人们对PC会有两种不同的决策属性：作为商用消费者，需要经过复杂的决策流程；作为普通消费者，可以自行购买，非理性元素居多。而中小企业的决策因素介于两者之间。

特别小组最后得出来一个出乎意料的结论，那就是PC销售需要采用双模式。针对普通消费者和中小企业，采取交易型T模式（Transaction模式）；而针对政府、银行等大客户，采用关系型R模式（Relationship模式）。交易型模式强调速度，而关系型模式则强调满足大客户的定制需要。

很少有一个产品能像PC一样，两种属性都特别强。而同时能做好企业端和消费端业务的企业也并不多。一个企业需要有足够的掌舵能力，才能同时驾驭两条船。

2004年，联想对于渠道模式进行了有针对性的修正，采用了双通道销售模式。这看上去只是一个前端渠道的界面选择，却成为一个企业深刻的竞争力，超越了设计者一开始的想象。

8.4 集结号：不对称的并购

2005年是一个显著的分水岭。这一年，创造了PC历史的IBM，将这部分业务出售给了联想。这是中国制造全球化过程中最重要的事件之一。

联想以12.5亿美元收购了IBM的PC业务，创造了"蛇吞象"的奇迹。而此刻，外部资本正在对中国资产产生强烈的兴趣。美国的开利公司和惠而浦公司试图收购格力电器，遭到格力电器管理层的抵制；美国凯雷公司收购徐工机械，则引发了空前激烈的群众情绪。

在一种不安情绪的弥漫之中，联想的收购给人带来了一种信念上的支撑。也在这一年，阿里巴巴收购了雅虎在中国的全部资产。中国IT行业呈现出一种勇于开拓的进取性。

IBM寻求卖掉PC业务，并不是一两天的秘密。从IBM的角度看，英特尔的芯片和微软的操作系统这两座大山，使得IBM这样的PC制造商始终无法抬头。能抵抗这两座大山的，可能只有苹果公司，它找到的应对之法是，"不是制造成本更低的硬件，而是开发质量更好的软件"。

在这样一种生态下，企业必须要有足够强的成本忍耐力，而这需要一种大规模的批量优势。PC产业已经彻底地全球化，联想如果聚焦PC，就必须驶入国际化的海洋。收购IBM的PC业务就是通向全球化最好的航线。

二者合并之后，联想的PC产品在全球的出货量达到1190万台，整体销售额升至120亿美元，而此前联想销售额只有30亿美元。这样一来，联想全球市场占有率达到7.8%，成为仅次于戴尔和惠普的第三大PC厂商。联想的全球化资产得到急剧的扩充，这包括160个国家和地区的销售网络、近万名IBM员工和为期五年的"IBM"的品牌使用权以及拥有"Think"的品牌。

这样的收购被再次看衰，就像惠普收购康柏一样。消息传来，IBM的股价在上扬，而联想在香港的股价却在下降。

当时中国对国际化根本没有概念，而IBM的PC业务完全是全球化的销售渠道。联想的高管几乎没有管理跨国公司的经验，此前的征战经验都是集中在本土。这意味着，联想一开始必须保留IBM PC业务原来的管理层。然而，如果原来的管理层可以做好，IBM的PC业务也不至于被卖掉。

这需要一种新的平衡术。联想并非只是一味寻求做大，精巧的计算也在指引着盈利的机会。联想看到了两家企业的成本结构差异性所蕴藏的机会。IBM电脑在整条供应链的费用是60美元，而联想则是11美元❶。制造一台台式电脑，IBM的成本也远高于联想。拥有制造优势的联想，有望从这种成本结构差中获利。

---

❶ 李鸿谷. 联想涅槃：中国企业全球化教科书[M]. 北京：中信出版集团，2015: p192

但联想一开始在整合过程中能做的就是学习。为此，联想提出六个字的文化方针："坦诚、尊重、妥协"，做好融入全球化的准备。一家对于全球化没有任何经验的企业，首先要做的就是多看、多听。而对员工更直接的影响，就是英语开始变成公司官方语言之一，每个员工都要学习英语。而大量高管也不得不前往美国、新加坡等地工作，身体力行地与每个岗位进行融合。

戴尔和惠普都如同猎食者一样，等待蚕食联想因与IBM PC合并而产生的客户游离。为了确保客户不会流失，也为了更大程度地安抚犹疑不安的原IBM员工，联想决定维持美国罗利运营总部，与北京一起组成双总部。拥有决策权的10人执委会成员，一直处于全球出差状态。执委会在哪里，联想总部就在哪里，这就像是一个漂移的总部。

联想的管理透明化，给日本技术人员留下了深刻的印象。而安抚日本的研发部门对于联想来说也是守住技术能力的关键一步，因为日本大和实验室是创造经典笔记本电脑ThinkPad的摇篮。

IBM PC被出售给联想，对于日本研发者来说，也是一个突然的打击。大和实验室以ThinkPad多年的盛誉而自豪。但在2004年年底之前，很多日本员工甚至从来没有听过"联想"的名字。大和实验室的研发人员，压根也没有想到中国公司能够参与收购。这些感到震惊的员工，曾经以就职于IBM而自豪，而现在这些员工需要重新做出选择。一个没有表露的可能想法是，中国制造是否会削弱ThinkPad的品牌价值？

联想总部对大和实验室采取了积极的行动，与核心技术人员进行了充分沟通。ThinkPad团队则被赞誉为"联想王冠上的明珠"。出于对ThinkPad品牌的珍爱，联想几乎保留了大和实验室的所有团队。

在日本，找不出第二家实验室，能够像大和实验室这样为母公司打造出如此重要的产品。当美国和日本在消费电子领域展开激烈竞争的时候，ThinkPad则变成一个知识交融的纽带，成为一个跨越国家地区的标志性品牌。而在联想收购IBM PC之后，ThinkPad再次展现了一个中、美、日的合作典范。ThinkPad跨越了国家的边界，成为全球化主义最为闪亮的灯塔。而联想对大和实验室的尊重，也使得日本研发人员再次饱满地投入到ThinkPad新品的研发之中。

如果以2000年为轴心，那么前五年互联网为PC的发展推波助澜，加速了PC和服务器的商业化，而后五年互联网则成为许多PC企业的埋葬者。PC行业正在步入一个走向极致运营的时代。

2005年，PC全球化开启了大浪淘沙的序幕，重塑PC行业战后秩序的时代已经来到。

这一年，惠普的明星CEO被迫辞职。并购康柏所留下的不适应症依然存在，即使惠普的年收入已经达到860亿美元，但压缩成本结构依然是迫在眉睫的大事。惠普需要学会更好地适应PC商品化的时代。

一个新的时代正在开启，谷歌在美国俄勒冈州的一个偏僻小镇建立了一个大型数据中心，被称为"信息时代的核电厂"。当时，谷歌在全球各地的"服务器储藏室"已经部署了近50万台电脑❶。这种

---

❶ 尼古拉斯·卡尔. 大转换：重连世界，从爱迪生到Google [M]. 闫鲜宁，译. 北京：中信出版集团，2016:p63

秘密存储的算力，为谷歌提供了来自世界各地的搜索请求。公共计算的平台，已经以一种隐形革命的方式，在远离人们视线的地下深处，经历着剧烈的能量爆炸。

而在2006年，比尔·盖茨宣布即将卸任微软的CEO一职。这是PC时代一个令人回味的时刻，最具影响力之一的人物开始告别舞台。这种隐退，像是PC电脑发展史中极具隐喻的休止符。

09

争夺疆土份额

　　每个市场都有自己的天花板。企业面对已形成寡头竞争的市场，自然需要寻找新的疆土。与此同时，还要提防跨界杀进来的对手。对中国公司而言，与国际对手争抢市场，这本身就是一个加速其国际化的过程。全球化的市场，不在身边，而在全球。

9.1 智能手机与上网本的冲击

    2007年苹果推出了iPhone手机，并在第二年推出了3G网络版，赢得了新的喝彩声。而谷歌面向手机研发的安卓操作系统，也陆续迎来了手机制造商HTC和三星的青睐。更便捷的移动计算，开始进入人们的视角。苹果的iPhone手机采用了全触摸屏无按键的操作方式，这对传统手机的认知构成了巨大的挑战。这种从击打键盘到无声按压的变化，如1984年苹果推出Mac的用户界面一样，形成了一股新的冲击。这种看上去还不够精确定位的输入方式，改变了人与手机的交互体验。诺基亚等手机制造商巨头并不看好这种新的触摸体验，依然选择坚守手机按键的操作方式。而使用安卓系统的HTC手机，在装有触摸屏的同时，依然谨慎地保留了滑动式的全物理QWERTY键盘。这些企业还在等待消费者的反应。

    2007年iPhone第一代手机推出来的时候，引发了一股热潮，第一季度销量达到100万部，仅用了短短6个月，在美国的市场占有率就达到了28%。由它引发的移动互联网时代的震动浪潮，正在一波一波地释放。苹果手机多点触屏的外部物理形态的变化，是如此鲜明，以至于其他手机制造商很容易忽略它在商业模式上的创新。

iPhone摒弃了传统手机的"机海战术"，采用了单机进化的方式。它的重点在于提供多样化的内容，让手机更充分地被使用。iPhone 3G手机带有手机应用商店App Store，这也引发了移动应用的分发方式的巨变。苹果创造了一个三边市场：除了它跟用户，还让开发者加入进来，为手机提供更多的内容。开发者可以借用这个三边市场来销售自己开发的应用。正如应用商店App Store的名字所启发的那样，一台手机可以是一个百货商店，苹果拥有这座建筑并对外招商。那些加入者在这里按照苹果的规则，向人们推广游戏、小说、视频等各类商品。新的内容市场被全新激发。

苹果手机的iOS操作系统，连同新势力安卓操作系统一起，正在悄悄动摇此前智能手机使用的微软Windows Mobile操作系统的地位。但微软的注意力还不在此。比尔·盖茨退休离开了微软公司，而互联网则依然是微软苦苦绞杀的战场。对于微软而言，谷歌已经成为最大的竞争对手。在2008年微软致股东的信中，提到了搜索引擎"必应"的发展蓝图，要全力以赴应对谷歌搜索的巨大广告市场。微软公司必须在Windows和Office之外建立第三条战线，面向消费者的必应搜索是一个可期待的明星。这里的蓝图，没有智能手机的操作系统、没有移动互联网，也没有云计划。微软还陷在旧的赛道中继续冲锋。

苹果手机掀开了黎明的幕布，但这束刺眼的光线还并非PC界最关注的事情。PC行业正在被一种轻便的笔记本电脑所吸引。

华硕电脑推出了一种"革命性"的产品EeePC。这款轻巧的笔记本电脑以最低的配置，实现了基本计算和浏览互联网的需要。它以低廉的价格受到特定人群的广泛青睐，许多学生喜欢这样的低成本便携式计算设备。而英特尔提供的低功耗处理器 Atom（凌动系列），则加速了"上网本"（Netbook）的普及。

"上网本"作为一个新的产品类别，被其他电脑制造商迅速接受。除苹果电脑之外，其他 PC 厂商都开始进入这个市场。宏碁、联想、戴尔等都纷纷推出上网本产品。一时间，低配置、低价格的笔记本电脑成为市场上最畅销的产品。

在这一年的暑假，中国众多笔记本电脑厂商都加入到3999元促销的阵营中。"3999"成为2007年低价笔记本电脑的代名词，上网本推动着全民普及笔记本电脑。

上网本和智能手机同时开始兴起，大大刺激了人们对计算终端的兴致。上网本更是用一种夸张的方式，简明扼要地勾勒出 PC 消费者化的浪潮。它改变了笔记本电脑的奢侈品形象，将 PC 定位的钟摆从一端拨向了另一端。

2007年亚马逊推出了 Kindle 电子阅读器，也进一步普及了电子屏幕的应用。Kindle 坚持采用3G入网技术，引领了移动设备的潮流。这款革新性的产品，带有强烈的移动互联的属性。它放弃了让用户望而生畏的复杂 WiFi 连接技术，而是将3G信号植入其中。这款具有通信功能的阅读器使消费者可以随时购买需要的电子版图书。而亚马逊提供的数万种电子书也受到广泛的欢迎。移动设备的流行，带来了一个新鲜的"读屏时代"。

9.2　主阵地转向消费端

从2005年到2007年，新上任的惠普CEO，成功地对惠普的成本结构进行了大幅度优化。五年前收购康柏的这块资产，逐渐被激活。然而，这种成本优化，往往都是以痛苦的裁员手段出现的。突出的业绩报表也一定程度上损害了惠普引以为豪的"惠普之道"的形象。"惠普之道"是惠普公司长期以来所倡导的一种企业文化和价值观，它强调自下而上的创新和松散的组织管理，为惠普赢得了科技创新驱动的荣誉。但当PC行业已经在全球市场展开激烈竞争的时候，成本驱动的节奏开始加快。惠普的做法，也开始呈现出成本驱动的苗头。惠普创始人所倡导的企业文化和价值观，也很难在一个行业标准化的世界中坚持下去。

在这种效率优先的实用主义战略指导下，惠普在2007年重新夺回了全球第一PC供应商的宝座。就PC产品而言，与其说这是惠普的胜利，不如说是康柏的胜利。惠普成功地将自身原本偏商业化的计算机产品，转向了康柏更偏重普通消费者的产品。这使得惠普在五年前大手笔收购康柏的事情，终于有了一个完美的结果。

因主导收购康柏而备受争议的上一任CEO，恐怕在被迫辞职两年后，才有机会再次为自己收购康柏的决定而辩护。

惠普有多风光，戴尔就有多不安。当全球第一的宝座被惠普占据时，已辞任CEO三年而专注于做董事长的迈克尔·戴尔，不得不重新回归CEO的岗位。此时，戴尔公司由于连续延迟财报的公布，接到了证券交易所摘牌的警告。戴尔公司的活力看上去已经损失殆尽。

戴尔疲乏的市场表现，自然是受市场强烈的竞争所引发的。惠普的上升似乎是踩在戴尔下沉的肩膀之上。没有一家企业能够在PC市场长时间占据绝对领先的地位。戴尔赖以自豪的"按订单生产"模式正在成为行业的惯例。联想正在大规模地改进供应链的流程，实施者正是来自戴尔公司的亚太供应链负责人。台式电脑的销量开始减少，而笔记本电脑则变得越发重要。笔记本电脑的复杂度相对较高，使得定制化变得更加不容易。这也限制了戴尔既有优势的发挥。

PC市场也在发生重大的变化。在2007年前后，消费者PC开始逼近商用PC的出货量，消费者PC逐渐成为主角。这是一个重要的拐点。IT产业也开始从服务企业转向服务消费者。当智能手机刚刚拉开帷幕的时候，PC则进入巅峰时期。

在过去几年，戴尔公司并没有很好地识别出这个信号的切换。这与公司基因也有很大的关系。戴尔最早的直销模式主要是面向商用电脑。在消费者端，则一直显得乏力。而普通消费者正是信号切换这段时间快速增长的消费群体，这个巨大成长的市场被戴尔忽略了。戴尔不得不放弃只做直销的模式，而开始大举进入大卖场。反观惠普在收购康柏之后，大大强化了个人消费市场的地位，丰富了公司在大企业和中小企业之外的市场。既有消费者又有商业客户，被证明是抵御经济周期的有力战略组合。

9.3 寻求多元化

惠普正在步入一个高歌猛进的时代。2007年，惠普发生的根本性变化，就是开始强化多元化的战略，大举进军软件、服务与数据中心市场。IBM向软件和服务的转型，成为惠普最推崇的模式。而PC和打印机业务则提供了丰富的现金流，支撑惠普进行大手笔的并购。

并购的目标，被锁定在那些能够拉动企业新业务增长的公司，而非支撑既有硬件业务的公司。年总收入已达到650亿美元的惠普，在硬件方面只需要做好配套工作就可以很好地向前发展。惠普的PC一直被看成是公司高利润的服务器、存储和网络产品之外的副产品。而收购软件公司和围绕互联网设施进行建设，则可以有效地建立全新的业务模式。

惠普的增长战略，重点在于打造服务交付的模式，并购对象都是要足够大，甚至足以改变惠普既有的服务文化。2008年5月，惠普公司以139亿美元从福特手中收购EDS，晋升为全球第二大IT服务商。作为最早创立IT外包的企业之一，EDS擅长客户关系和服务交付，这使得惠普的转型似乎离成功更近了。这一年，惠普收入突破了1000亿美元。然而EDS也是出了名的流程分散和效率低下。当国际金融危机来临，商业市场受到巨大冲击的时候，拥有13万名员工的EDS，立刻就成为惠普软件和服务战略的可疑资产。

2008年惠普的服务器部门开始与思科发生明显的正面冲突。惠普的网络路由器业务是在围绕各种服务器联网的基础上内部孵化的。这项业务本来是惠普服务器部门多年来一直避之不及的业务，因为他们更需要与思科强大的网络设备保持紧密的合作关系。但随着其自身发展越来越快，则让惠普与思科的战略关系变得十分微妙，也使惠普企业内部形成了一定的部门裂痕。

破坏甜蜜合作期的绝非只是单方行为。思科也在行动，它推出了刀片服务器，提出统一计算系统（UCS），将网络、计算和存储资源集成在一起。这意味着思科已经从传统的网络设备制造商，转向数据中心解决方案提供商。这就对服务器制造商如惠普、戴尔和IBM构成了公开挑战。

惠普的应战也很简单，直接收购了思科的竞争对手3COM网络公司。3COM网络公司设在中国主要从事网络路由器以及交换机业务的杭州华三公司，则成为惠普的全资子公司。

以前暗自拉紧的张力，变成了全面的对抗。惠普需要分散更多的精力与思科、瞻博这样的昔日网络设备霸主进行较量。惠普甚至进一步收购了3Par公司，进军存储服务器领域。

企业冲撞变得不可避免。2009年甲骨文公司以74亿美元收购了越来越过气的Sun，这对于惠普则是一个双重的冲击。一方面，重新整合的Sun工作站产品将会成为惠普UNIX服务器的竞争者；另一方面，作为公司常年盟友的甲骨文公司，其数据库也将不再对惠普UNIX服务器提供支持。这种困境表现出惠普在整个计算机业务上的脆弱性，PC的利润被微软和英特尔所把持，而公司服务器业务则高度依赖甲骨文数据库以及IBM中间件的支撑。

跨边界的企业对抗，表面看起来只是企业不同事业部在产品结构上的冲突，而更深层次的原因在于数据中心的变化。数据中心的服务器与网络已经密不可分。信息技术与通信技术的融合，开始加速。大量的互联网数据中心，使服务器、存储器和网络形成三合一的关系，并由此构成企业多元化新战略的内在逻辑。1984年戴尔和思科同年成立，当时看来二者几乎毫无关联，而现在却在同一个战场里开始搏杀。计算与通信的边界已经变得模糊。

与惠普一样，戴尔公司从2007年开始，也加强了多元化的转型。戴尔收购了怡科数据存储公司，进入存储器行业。而在惠普收购EDS的时候，戴尔也跟着收购了佩罗特系统公司。后者与EDS业务相似，因为二者创始人都是同一人。这种巧合让戴尔与惠普的各自行动，看上去更像是出自同一个战略规划师的手笔。戴尔希望强化在IT服务领域的力量，与惠普的战略如出一辙。

业务走向多元化，让企业之间是敌是友的边界变得模糊起来。既竞争又合作的常态化，使得管理者们需要拥有极大的战略包容性进行合作，但同时又要十分警惕真正有威胁的风暴来自哪个方向。

9.4 文化冲突，成就国际化

在中国市场，竞争已经变得越发激烈。为了更好地适应中国市场，戴尔甚至也开始转变纯直销模式，强化分销渠道。惠普在中国市场的快速增长，助力它成为全球第一。而联想，则需要度过收购国际品牌之后的消化期，文化融合则成为这段时间首先要面对的问题。

联想收购 IBM PC 业务的当年，文化碰撞情况还不算太明显。但随着戴尔的亚太区总裁被聘为联想新 CEO 后，国际化的冲突开始显现。新任 CEO 陆续引入不少戴尔的管理人员，形成了一个强大的"戴尔能量波"，对组织产生了强烈的震撼。

组织融合是一个令人生畏的日常挑战，它影响到每一个员工和每一个流程。IBM 组织庞大、分工精细，每一个组织都分配有具体的职责。这使得员工习惯与简单有限的组织接口，而缺乏对整体组织功能的互动。而联想的员工早已习惯多面手的角色，组织呈现出一种网状连接的结构。单线联系与网状连通的不同方式，让双方一线员工在工作中会有很大的不适应感。即使一件小事双方都需要发很多邮件讨论才能解决。当双方要现场讨论一个笔记本电脑的零部件物料清单时，原有的联想部门派出了一个人参会，却发现会议现场的原IBM部门有十多个人参加。

IBM高投入、高回报的战略，并不适合PC行业。而戴尔公司的低成本运行机制，最擅长削减冗杂与成本。重塑供应链很快被联想提上日程。联想的供应链组织原来比较分散，销售部门对市场的预测会传递到业务单元，每月再由供应链相关部门负责备料、生产。但是，如果没有总控进行计划的调整，就会由于信息差导致效率低下。于是，联想借鉴了其他国际公司的做法，也成立了卓越中心（Center of Excellence，COE），整合业务前端与供应链，将前后端连接起来，及时调整各种预测和计划。它就像一个集中控制中心，负责拉通各个部门的衔接。

但最具挑战的依然是文化。每个人使用的都是从之前的企业学到的办事流程，IBM的人坚信IBM的原有体系，戴尔的人照抄戴尔的流程，而中国团队则试图缓和这些矛盾。每个人都活在过去的躯壳里。负面描述的标签，也被贴给了不同的团队。IBM团队是"行动迟缓，看重名分"，戴尔团队是"争强好胜，傲慢自大"，而联想团队则是"倔强且不愿交流"❶。

2006年年底，信任缺失已经成为联想的一个重要挑战。联想打算尝试一条不同的路，寻找出一种富有弹性的多元文化。联想希望通过嫁接东西方不同的文化，寻求一种全面的整合。这是一场深入的文化交融，不想给任何一个员工的心灵里留下文化的裂缝。

---

❶ 乔健、康友兰. 东方遇到西方：联想国际化之路[M]. 北京：机械工业出版社，2015:p71

信任的价值经常被忽略。在史蒂芬·柯维所著的《信任的速度：一个可以改变一切的力量》一书中，强调了信任的重要性。缺乏信任，就会付出效率低下的"信任税"；而重组信任，则可以提高沟通速度，形成"信任红利"。

联想已经意识到信任的经济价值，会影响企业的领导力。于是，联想专门邀请了麦肯锡和Pathpoint咨询顾问公司的人员来提供文化审计支持。

与此同时，联想也与柯维创立的咨询公司合作，从管理层开始，形成信任经济的改善意愿。联想还邀请了福布斯公司和人才开发公司Aperian Global的人员，通过工作坊、研讨会的形式，将大量被文化所包含的沟通内核，不断地呈现出来。一句谚语往往沉淀了一个故事与一种情绪，而一句话在不同国家则往往包含了不同的潜台词。以为对方都知道自己的言外之意，一直是国际化团队沟通的最大陷阱。联想需要形成一种包容的氛围和机敏的识别，使人们在沟通中能够建立一种敏锐的意识而直达交流的内涵。

在高速发展的过程中，联想经常会不遗余力地借助于大量咨询公司的外部力量。这些外部的能力和知识，不断为联想内部注入全新的活力。

在苦心建立文化融合的同时，联想在消费端布局的不足也呈现出了脆弱性。尽管当时联想一半的收入来自个人消费业务，但部分高管并没有意识到争抢这一市场的重要性。例如像美国百思买零售商这样的微细血管，对于联想其实至关重要。

2008年国际金融危机爆发时，商用机市场立刻大面积紧缩，这也导致联想业绩大幅下滑。相比前一年的高速增长，可以说波谷紧挨着波峰。PC市场的表现再次呈现出大起大落的态势。

这次危机，暴露了联想的执行管理层对消费者市场的重视程度不够。联想本身的策略，需要有新的调整。

就长期战略思维而言，联想必须加强对个人消费业务的重视，尤其在商用产品收益不断下滑的情况下。2009年年初，中国面孔双双回归董事长和CEO的位置。这使得联想在美国的市场位置受到质疑。《新闻周刊》一度认为"这是中国品牌将要退出美国市场的表现"。

联想管理层很快成立了9人执委会（LEC），由业务单元和部门负责人担任。领导团队从原来的17人降为9人，就是为了简化决策流程，直接感受业务一线的变化。LEC成员中，中国背景与西方背景的人基本各占一半，这是一种东西方文化的平衡。

新的调整发挥了作用。2009年结束的时候，联想业务的国际化出现了积极的态势，海外市场业务贡献超过公司总体的一半。而就在这一年联想完成了全球整合，一个完整而密不可分的联想成立了。

两任美国职业经理人，为联想带来了学习IBM的集成产品开发和戴尔的供应链经验，推动了联想成为一个极致高效、合规经营的国际玩家。从形似到神似，内在的能力在延续。

可以说，IBM PC所继承下来的板正体系，在联想的框架内，采用戴尔的风格进行了精细调整。这种自我冲刷、三股文化相互渗透融合的过程，使联想得以升华，从而变得更为不惧挑战。联想文化的灵魂"说到做到""尽心尽力"也开始被强化，重返"联想之道"的时刻，已经到来。

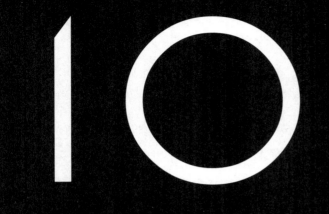

形态之争：后PC时代？

在PC成为大众的商品之后，芯片周期
似乎不再是令人激动的话题。而PC的尺
寸和形态，则成为需要品牌商大费脑筋的
问题。制造商与消费者进行着一场看不见
的"互动"，不断探索着PC如何能够更好
地成为生产力工具。就像京剧《三岔口》
中两个角色的摸黑打斗一样，尽管看不到
对手，但双方都猜测到了对方的意图。

10.1 信封电脑的对决

2008年1月在苹果公司的年度会议上，CEO乔布斯从一只信封里掏出一只MacBook Air笔记本电脑，现场惊呆了。这就像是人们第一次从魔术师那里看到，从帽子里掏出一只兔子。这款号称"世界上最薄的笔记本电脑"，震撼人心。而苹果公司的这场发布会，也引发了ThinkPad团队的高度紧张。

位于美国北卡罗来纳州莫里斯维尔郊区的联想办公大楼里的美国管理层们，正在为联想产品确保第一竞争力而绷紧神经、全力以赴。而ThinkPad X300这款2年前秘密开发的产品，也恰恰在这个月的深圳工厂开始量产。

ThinkPad X300的创意，源自北京研发中心。冲劲十足的工程师，受到摩托罗拉"刀锋"手机"极端薄"设计理念的启发，开始研发这款产品。这样的创意传递到联想北美罗利总部，由首席设计师给出了设计蓝图。然后由日本大和实验室进一步修改方案，由13英寸屏幕替代了10英寸屏幕，同时将设计重量进一步降低❶。精

---

❶ 张小平. 再联想：联想国际化十年[M]. 北京：机械工业出版社，2012:p142

致玲珑，是日本工程师所擅长的风格理念。

依靠三方力量共同打造的笔记本，为了实现"小巧轻薄"而进行了巨大的投入，轻巧外形是其最大卖点。尽管MacBook Air面向消费者，而ThinkPad X300面向商务用户，但前者的推出依然给联想带来巨大的压力。

ThinkPad X300的内置外设，看上去显然比MacBook Air的外接一堆设备更小巧。于是ThinkPad营销团队做了一个比较视频，来嘲弄苹果的信封魔法。加上外设的MacBook Air，塞进信封之后，就会胀破信封❶。而ThinkPad X300则可以轻松塞入。这是一次正面的硬碰硬较量。

两家公司围绕年度笔记本电脑的激烈斗法一触即发，消费者则为一个能装在信封里的电脑而发狂。电脑的外观变化，本身就是人们所倾慕的魔法。

苹果在电脑发展历史上，突出了设计在电脑行业的重要性。基于设计的独特性，使得苹果得以保持一种独立的生态。流线外形的iMac电脑、斑斓色彩的iBook、方正外形替代iBook的MacBook，这些产品设计理念被带入了iPod和iPhone的设计中。

日本大和实验室则为ThinkPad X300注入了另外一种"硬汉科技"的力量。他们致力于在简洁中寻找可靠的力量。电脑的每一个位置，都被注入了科技元素，内部发光的控制按钮，悬空设计的键盘等，都让使用者容易产生依赖感。

---

❶ 内藤在正，威廉·霍尔斯坦. ThinkPad之道：无可替代的思考[M]. 武上晖，译. 成都：四川人民出版社，2017:p163

这一年，联想作为北京奥运会的赞助商，其品牌下的个人电脑、服务器纷纷登场为这场赛事保驾护航。ThinkPad X300这款来自中、日、美三方工程师合力打造的产品，再次行驶在国际化的轨道上。澳大利亚人引领的美国奥美广告公司，与联想设立在印度班加罗尔的营销部门，一起为这款产品进行构思创意。当ThinkPad X300出现在大众面前的那一刻，它已经凝聚了全球的智慧和能量。这就是国际主义合作精神光芒闪耀的时刻。

ThinkPad团队需要考虑人们在时代前进中所产生的情绪变化，有时为此也会增加一些新奇的元素，以讨好粉丝用户。在抗衡苹果产品的行动中，一些魅力元素也在悄悄引入ThinkPad系列的产品设计中。但这种改进，并非每次都能博得人们喜欢。有时设计师不得不放弃自己的想法。当黑色增加了一点银粉色的时候，就会有人抗议说最喜欢的还是纯色的"帝王黑" ❶。产品设计上既需要注入情感元素和魅力元素，但也必须小心翼翼。ThinkPad拥有了一种情绪上的记忆。什么样的产品能够深入人心？ ThinkPad正是如此。它是一种带有羁绊情绪的生产力工具，表达了PC最本质的一面。在人们的直觉中，PC作为生产力工具就该如此。这种情绪，已经固化到了ThinkPad之中。

---

❶ 内藤在正，威廉·霍尔斯坦. ThinkPad之道：无可替代的思考[M]. 武上晖，译. 成都：四川人民出版社，2017:p185

10.2 iPad出现，PC已死？

2010年3月，苹果推出了平板电脑iPad，再次赢得消费者的青睐。从硬件上看，iPad做到了极度的硬件缩减，没有上网卡，没有USB，也没有读卡器。它唯一对外的信息吞吐，就是靠着WiFi或者3G通信。而从交互形态上采用了手机的做法，保持了多点触键、键盘入屏等。平板电脑的形态，并非像一个缩小的PC，而更像一个大号的手机。

IT（Information Technology）第一次出现了有意义的分离，那就是市场的热点从"T"（技术）开始转向"I"（信息）。消费信息和移动设备叠加会产生什么？上网本一度是个答案。这种低配置的PC，是浏览互联网的快捷通道。可惜的是，这种形态没有很好地驻留下来。

iPad的大号屏幕和多点触摸，对消费者而言是惊艳的体验。在IBM PC第一台兼容机推出30周年之际，iPad的主创人员放言"PC已死"。随着平板电脑新形态的出现，看衰PC的情绪再次笼罩了整个行业。

对于企业战略家和行业观察家而言，需要仔细揣摩新形态的冲击。平板电脑是一个过渡还是转型？如果手机持续放大，PC持续变小，平板电脑的机会在哪里？它对PC产业又会形成何种冲击？

想要的答案不会等待太久。新形态的消费电子产品呈现了具有某种病毒式的营销感染力。仅仅两年时间，平板电脑的销量就已经达到了6300万台。而PC达到同样的销量则花费了14年的时间。相比而言，上网本2900多万台的销量则显得发展缓慢。

平板电脑的出现，就像一面放大镜一样，急剧扩大了上网本的缺点。上网本的确降低了门槛，但是还有很多的问题无法解决，比如算力和存储水平无法让用户满意。更重要的是2G或者2.5G网络速度也无法支撑其与互联网的大量数据交换。上网本既没有在计算力上得到加强，也没有平板电脑的便捷。于是，上网本就像一个迅速被擦除的笔误，从市场上消失了。

从2007年走热，到2011年终止。上网本的生命硬生生地被更简洁的平板电脑所终结。或者说，二者根本就是不同的产品。一些业内人士认为，在某一刻，上网本和iPad分别代表了正确的产品和未来的产品。

10.3 YOGA：形态的意义

　　有了苹果笔记本电脑在前，"薄"已经很难征服用户的心。其他厂家即使可以在尺寸上下功夫，也会面临很高的成本。如果无法在笔记本电脑尺寸上形成竞争优势，企业就必须要在其他卖点上找到赢面。既然平板电脑很流行，那不如让笔记本电脑也迎头向平板电脑靠拢。计算机科学家高德纳曾经提过："科学就是我们能够对计算机说明白的东西，剩下的都叫艺术。"而展现科学的力量，需要艺术性的想象。联想决定开发一款翻转屏的笔记本电脑，吃掉一部分平板电脑的市场。

　　这款电脑最初创意只是设置两种模式，一种是像普通笔记本电脑那样正常旋转135度，另一种是旋转到180度呈躺平姿态的平板模式。但在180度的躺平姿态下，下半部分的键盘就显得十分多余。于是，设计方案改成了只有翻转360度才是完整的平板电脑模式。而在这个不断尝试新场景的过程中，一种人体倒立后弯的帐篷模式也开始浮现，这很适合年轻人趴在床上看电视剧的场景。

　　围绕这些场景，研发工程师就需要克服工程难题。

例如如何找到合适的位置和方式安装天线，从而使得各种姿态都能无线连入网络。而这种翻转，犹如折叠屏一样，需要一种关键铰链的技术。这对于拥有制造技术的联想工厂而言并不是一件难事。

尽管联想研究院之前就已经在实验室验证了这种技术的可行性，但用在何种场合则迟迟无法落地。而现在出现的双栖屏幕和多姿态的应用需求，终于可以将这门技术从实验室里释放出来。

这款身段柔软的电脑最后被命名为YOGA（瑜伽）。当它在2010年立项的时候，微软正好提出将推出Windows 8操作系统，它将以支持PC和触摸设备的方式，在两者之间架起一座桥梁。

当时YOGA有两支团队分头行动，分别采用11英寸和13英寸屏幕。11英寸需要应对的是Windows RT新系统，这是一种面向ARM芯片的操作系统。对于新形态下的平板电脑和传统PC，操作系统和硬件的配合显得非常重要。最初的iPad搭载了苹果A4芯片，这是苹果设计的第一款自定义芯片，也是基于ARM架构而设计的。微软也需要在英特尔x86芯片架构之外，尝试ARM架构的可能性。这种新的组合，也使得硬件厂商需要做出判断。联想内部讨论出两种可能。第一种是按照微软的平板电脑Surface"平板＋键盘"的方式，以微软触摸屏的操作方式为主。第二种则是产品可以360度折叠，以键盘操作方式为主。

联想最终决定放弃"平板＋键盘"这种模式，而采用360度折叠的笔记本电脑方式。尽管要完成这种旋转，对旋转轴零部件的需要足足翻了一番。但研发技术的积累已足以支撑这种形态上的冒险。

从第一个360度翻转转轴创意的产生，到2012年第一代YOGA

产品的面世，足足花了五年时间。但对好创意的等待，往往也是在寻找技术就绪与市场情绪的合适时机。YOGA 的全身段翻转 360 度，跟此前的 180 度相比，有了巨大的形态变化。这种形态创新，点燃了消费者的兴趣。微软和英特尔也乐见新的产品。这使得 YOGA 上市后立刻在北美成为畅销品，而这也得益于美国 3C 电子渠道商百思买的强力支持，主动包销了大量产品。

YOGA 成为一款销量和利润双丰收的产品。可以说，YOGA 是打开电子消费翻转形态的鼻祖。而对于联想研制模式而言，这也是自研和自有制造的成人礼。

YOGA 的百变姿态，让大和实验室的日本设计师为之着迷。大和实验室决定将 YOGA 各个姿态的元素融入 ThinkPad。能 360 度翻转的屏幕，是 ThinkPad 问世以来外形变化最大的一次。一台电脑有100 个按键，分为六排。而在完成折叠的过程中，会碰到按键露在外面的情况。为此，设计师们采用了"呼吸键盘"，即用支架抬升与按键齐平的方式来保护按键。YOGA 的中国本土创新与全球创新合二为一。联想在国内市场是从大众消费者起家，而在全球则正好相反。收购 IBM PC 主要是建设商用品牌，在个人消费端的渗透并不深入。而 YOGA 的成功，意味着联想面向个人消费品的设计能力开始在全球范围内得到认可。

PC 的形态变化，不仅改变了商业格局，也改变了人们的使用习惯。YOGA 可以作为平板电脑让用户独自享受电影，也可以以帐篷模式让几个人一起观看。YOGA 也从一个单爆品，成长为 YOGA 系列家族。好创意就像磁铁石一样，会吸引众多的消费者，并且打开一个全新的蓝海空间。

就在这一年，微软也推出了Surface品牌的电脑。这种高性能平板电脑，也在试图取代笔记本电脑。整个PC行业都在琢磨笔记本电脑和平板电脑二者的关系。取代还是融合？结合点会在什么地方？

然而，微软大胆的改进未能获得认可。它显然忽略了键盘和鼠标的习惯，让很多PC用户产生了使用上的困惑。而移除了"开始"按钮，在长期使用Windows操作系统的用户中更是引发了强烈不满。

Windows操作系统的"开始"按钮，属于用户认知的一部分，而非微软公司的资产。正如ThinkPad电脑键盘上的"小红帽"操作钮一样，它是用户普遍审美的一部分，早已超越了设计师的安排。在电脑伴随人们成长并成为最得力的生产力工具的时候，人与机器之间建立了许多隐形的情感连接。识别这些情感的价值，对于PC行业的公司能否保持长久兴盛至关重要。

微软的Windows 8像是一个"灾难性"的操作系统，也干扰了PC市场的行情。在它未出现之前，人们饱含期待而推迟了电脑的购买计划。而在它推出之后，人们的负面评价打破了新系统总会带来更多销量的惯例。糟糕的表现，也拖累了PC软件的发展。为此饱含期待并投入巨大精力的戴尔公司，则付出了惨重的代价。在2012年年底的时候，戴尔市值陷入了200亿美元以下的冰点。

高调的Windows 8操作系统，因此成为一个过渡性产品。然而，即使有一定的争议，也并不会给微软带来持久的困惑。Windows已经进入了一个自我进化的高维空间。PC行业总是充满这样的走走停停。人们不喜欢的时候，就会在原地等待，而微软又总是会推出一个符合用户需要的版本。随后推出的 Windows 8.1 版本，让传统的 Windows 元素如"开始"按钮、"允许直接启动到桌面"等如期重现。用户惯性力量往往起着巨大的稳定性作用。

平板电脑并没有像人们担心的那样取代 PC 的地位。不妨说，平板电脑让 PC 显得更强大。计算力在形态上进行分流，使手机和平板电脑进入了人们的学习和生活。但 PC 仍然是人们工作的主力场景，它是一个完整而精准的生产力工具。PC 的可靠性，已经深入人心。

全球化与多元化的宿命

一家PC企业要想取得真正的成功，至少需要具备三个条件：足够大的本土市场、国际化的渠道和多元化的产品。只有本土市场，才能保证利润和创新机会，并以此为阵地进军全球。只有国际化的渠道，才能建立批量优势，对抗强势的上游供应商。而只有多元化的产品，才能对冲掉因PC产品毛利过低而容易受到的周期性冲击。这三个条件叠加起来，意味着能够真正成功的PC企业只可能生长在中国和美国。

11.1 拼欧拼日搏第三

2011年联想正在四面出击。当年春，联想宣布并购日本最大PC企业NEC的PC业务，一跃成为日本第一大PC厂商。

这年夏天，联想以6.7亿美元收购德国个人消费电子企业Medion的37%股份，成为德国的第三大PC厂商。

2012年联想宣布收购巴西个人电脑企业CCE，成为巴西第三大PC厂商。

四处点燃的烽火，真实地阐述了PC行业的竞争属性。对于不同PC厂家而言，PC的疆土之争会发生在全球的每一个战场。而每一场战役，都是相持不下的拉锯战。

控股日本NEC，使得联想再次打败宏碁，成为PC行业全球第三。这让联想终于能够压制宏碁自2007年以来对自己穷追猛打的火力。

2007年联想计算机出货量仅次于美国惠普与戴尔，这主要得益于其在中国和美国市场的优异表现，但联想在欧洲市场的排名则比较靠后，因为欧洲市场正是宏碁笔记本电脑的福地，宏碁笔记本电脑占据欧洲市场的第一位。因此拿下欧洲这个大市场，对联想而言是关键的战役。荷兰佰德（Packard Bell）公司，曾经是欧洲第三大PC厂商，自然是一个很好的战略并购目标。

以并购扩张来应对全球化是最好的选择，但联想对荷兰佰德公司的收购过程却遭到宏碁的阻截。

在全球电脑市场格局中，惠普、戴尔稳坐头两把交椅。而宏碁和联想则需要为争夺第三名而继续对决。宏碁深谙国际化之道，与德州仪器关系密切。不仅将德州仪器推出的存储技术最早引入中国台湾地区，并且在1997年收购了德州仪器的计算机部门，进军美国计算机市场。

2007年，台湾宏碁Acer以7亿美元收购了美国第四大PC品牌制造商捷威（Gateway）。捷威与戴尔一样，一开始就采用了目录直销的亲民路线，在低价计算机市场有着很高的知名度。然而像美国这种发展快速的市场，在惠普、戴尔、联想与IBM PC崛起之后的厂家，很难再有更好的表现。残酷的地区性洗牌，在成熟的美国市场已经进入尾声。

并购交易完成后，宏碁的PC销量超过2000万台，宏碁超越联想成为全球第三大PC制造商。这次收购，对宏碁而言，不仅获得了捷威旗下的eMachines品牌，还进一步增强了宏碁在低端市场的影响力。

然而这场快速结束的收购，似乎并不仅仅是为了美国市场，而是一场围魏救赵的策略。它直接干扰了联想在欧洲的并购计划。由于捷威公司拥有对荷兰佰德的优先购买权，宏碁通过这场收购就可以行使先行购买的权利。很快，捷威就宣布向荷兰佰德发出收购要约，使得后者成为宏碁的囊中之物。而联想则被阻挡在外。

宏碁采用的迂回战术，使得联想在欧洲到手的鸭子，突然飞走了。

欧洲市场是争夺全球第三PC制造商的关键战场，但在这个市场上，欧洲品牌却只能扮演被并购的角色。荷兰佰德，一度占据欧洲40%的市场份额，却依然无力主宰自己的命运。它一度是日本NEC旗下的品牌。但在本土销售不佳的NEC，也无力保住其在欧洲市场的地位。因此佰德被NEC抛售出去，在飘摇不定中准备迎接下一个买家。

无论是荷兰的佰德、意大利的Olivetti，还是德国的西门子利多富，这些公司既不能守住本土市场，更无法赢得欧洲市场。

欧洲成为PC巨头们角力全球第三把交椅的关键之地。任何企业，只有将欧洲市场拿下，才可能发展成为继中国和美国市场后的"第三本土"，才能真正赢得全球化之战。宏碁的"本土"就在欧洲。收购佰德之前，宏碁在欧洲市场的占有率为32%。而收购之后更是达到51%，牢牢地占据欧洲第一的位置。对于宏碁而言，它的部分优势在于对中国台湾地区的渗透，而只有在欧洲建立大本营根据地，才能在全球占据优势。

然而欧洲市场，也是联想在美国、中国之外一定要拿下的大本营。联想也急于将本土高度成熟的面向消费端的"交易型"销售模式，扩展到欧洲。然而跨国推广"交易型"业务，并非只是表面上销售方式的改变，它需要对后台支持、端到端的配合，都有一套复杂的系统要求。而对于产品，为了符合不同国家的语言、运输甚至汇率，都要有一套明晰的规范进行支撑。比如，PC在德国的销售高度依赖大卖场。前三名的卖场能够占据PC销售的一半以上，具有很强的话语权。对于外来的联想品牌而言，在大卖场面前的议价能力非常弱。只有寻找在其本土的并购，才能真正获得赢得市场的机会。

在被宏碁意外"截胡"之后的第四年，联想才等到机会收购德国的Medion。这是家比西门子利多富成立还早两年的德国公司。自此，联想才终于打开了能从容驾驭欧洲市场的局面。

在拉美市场，联想也展开了同样的争夺战。巴西是拉美地区最大的PC市场，每年有近900万台的销量，还有众多成熟的网民，自然是首选市场。然而，巴西、阿根廷等拉美国家为扶持本国制造业，均实施了较为严格的保护政策，尤其是在电子产品领域。这使得巴西成为跨国企业准入门槛最高的地区之一。以手机为例，一部进口手机可能会由于各种税收政策而额外增加60%的成本。但这还并非最终的零售价。巴西现行税制囊括联邦税、州税和市税三级共50余个税种，复杂的税务结构让外来企业时常感到困惑。如果没有本地化生产，谁也无法建立起本土的竞争力。

除了财务的复杂性，巴西还有治安问题。与去墨西哥一样，联想员工一开始去巴西，也往往需要乘坐防弹车。为了能够真正扎根市场，联想调动了在北京、巴西圣保罗和美国北卡罗来纳州的60多名工程师，开发了一款只在巴西销售的计算机产品。

博斯（Positivo）公司是当时巴西最大的计算机制造商，2008年占据该国21.5%的市场份额。联想一度出价8亿多美元收购博斯公司而未能成功。最后，拥有近50年历史的计算机和消费电子制造商CCE公司，重新成为联想新的并购对象。

2012年9月，联想以1.5亿美元收购巴西CCE公司，一度晋升为巴西PC市场的第二名，仅次于本土的博斯，而高于惠普和戴尔。这场收购，还帮助联想在巴西获得了PC以外的消费产品市场，如平板电脑、智能手机、电视机等，并在当地获得了生产制造基地。联想投入运营一个新的工厂，并建立起来一个完整的端到端的整合模式。这使得其在PC市场上的份额迅速上升，一度位居巴西市场第一。

然而代价也是巨大的，联想在巴西市场一直处于亏损状态。要真正在本地市场达到收支平衡，还需要很长的时间。

欧洲的电脑品牌挣扎了二三十年，最后未能摆脱被收购的命运。美国第一波占领了这个市场。而日本则是第二波征服者，NEC收购了荷兰佰德，而富士通则接管了德国西门子计算机业务，成为欧洲市场的领先者。但十年后，日本PC品牌也陷入了同样的困境。

日本在电子产品领域的失落，对整个行业而言都是值得仔细研究的课题。跟日本消费电子一样，PC也正在饱受科技商品化带来的制造成本压力。PC产业需要高度规模化和快速运营化的能力，而这些都并非日本企业所擅长的。无法保持成本竞争优势就无法生存，这是PC产业残酷的一面。日本、韩国等本土市场太小，平时无法提供足够的创新试错样本，当危机来临时又缺乏缓冲余地。而中国作为一个潜力巨大的PC市场，逐渐从小规模到大规模，再到超大规模，市场容量不断提升，哺育了本土成长的可能性。

当兼容PC在20世纪80年代面世的时候，整个产业形态已经开始以标准化形式出现。在这种同质化、单一化竞争的情况下，关键零部件领域只能留下少数优胜者。

当上游的芯片、存储、操作系统厂家都成为寡头统治的时候，下游的PC厂家必然也只能以寡头的形态来对抗，形成大规模采购的优势。整个PC产业的形态是以规模和速度取胜的。生产量越大，采购权力越大，才能更好地与强势的上游供应商如英特尔芯片、微软操作系统等进行谈判。而只有快速奔跑，才能远离摩尔定律所形成的硬件贬值陷阱。

11.2 转型的迷惘

剥离 PC 业务听起来匪夷所思，但惠普新任 CEO 就是这么想的。同样，平板电脑和智能手机业务也在抛售之列。

这个决定看似疯狂，但与 IBM 当年出售 PC 业务的决策有着同样的逻辑考量。如果大部分利润都被微软和英特尔拿走，那么这种业务部门的价值在哪里？PC 一直是低利润产品，靠规模效益生存。戴尔在 PC 上的毛利率只有 15%～20%。而那些存储阵列的毛利率为 60%，纯软件的毛利率最高时更是达到 98%❶。"后 PC 时代"总是让人感到不快的原因是它那不足 20% 的低毛利率。2010 年，PC 业务占比惠普总收入的 30%，但净利润则只占 13%。

然而，分拆 PC 业务的想法实在令人难以置信，惠普的员工、股东、客户和行业分析师都对此感到震惊。惠普董事会中那些强大而又果断的惠普家族成员很快做出了决定，解聘了任期还不到一年的 CEO。PC 的特性

---

❶ 迈克尔·戴尔. 进无止境[M]. 毛大庆，译. 杭州：浙江教育出版社，2023:p349

再一次被广泛讨论。PC怎么可能是一个需要抛弃的资产？这门生意有着巨大的现金流特性。而且由于具备大规模的效应，它总是可以很好地分摊成本，为其他业务提供一种低成本架构的支撑。不是在PC行业深耕的职业经理人，可能很难意识到PC是"现金奶牛"，而且是公司展开其他业务的最好敲门砖。在PC的业务基础上，叠加新的服务业务，是一个可靠的战略组合。

曾经带领拍卖网站eBay进入辉煌时期的梅格·惠特曼，在2011年火速加入惠普。她很快就宣布放弃分拆PC业务。这种短促的决定，与其说是深思熟虑的结果，倒不如说是安抚情绪的镇静剂。eBay主打的拍卖品是面向个人消费者的，而惠普则是面向个人消费者和商业组织的混合体的，两者有着完全不同的基因。后者多元化业务的复杂度，容易被低估。惠普的PC业务，依然前途未卜。

在短短两年时间，惠普的三届CEO对惠普的PC业务，各自做出了不同的判断。从追求协同性，到决定分拆PC业务，再到保留PC业务，惠普的战略在反复地摇摆。这种战略业务的巨大震荡，很难让人相信是出自一家成熟的硅谷老牌公司。

然而在面向企业的信息服务方面，惠普比任何企业都更加坚定地向IBM靠拢。2011年8月惠普以117亿美元，收购了英国第二大软件公司Autonomy。这家公司以开发企业级的搜索引擎而著称。然而，这场收购很快就证明是一场灾难，估值虚报、财务造假使得整个收购像是一场科技骗局。双方陷入了诉讼之中，而Autonomy的业务越发变得模糊和令人沮丧。

无论是Autonomy科技感十足的企业知识管理软件，还是传统而庞大的IT外包业务EDS，都难以让惠普成为一个很好的企业软件与服务商。惠普的硬件基因，拖累了这个企业的软件转型计划。

2013年的惠普在收入上仍然超越IBM，是一个年收入1100亿美元的庞然大物。这其中掺杂了大量看上去不同的业务，包括PC和打印机业务，服务业、存储和网络业务，以及软件开发业务等。由于上述业务来自多个并购公司，内部的业务冲突也很大。从2002年收购康柏以来，已经有20万人加入惠普，但同时也导致大量的人才外流。这期间也是惠普CEO频繁更换的时期，惠普的每一任CEO或许规划的战略都很清晰，但雷厉风行的并购，使得整个组织的融合进度缓慢下来。这些并购都对惠普原来的PC业务造成了干扰。

移动互联网时代，人们痴迷于各种新颖的个人计算设备。手机和平板电脑，都对惠普的业务产生了重大影响。例如人们通过在线分享，大大减少了对打印机的使用。最赚钱的业务面临结构性的单向收缩，使得惠普的业务增长出现了新的阴影。

消费者市场和企业级服务，对惠普而言越来越难以统一在一起。PC与打印机业务分分合合，而服务业务、存储和网络业务这两个部门的重合业务也在不断划分边界。而不到3%的研发投入，也使得创新业务很难展开。体量庞大的身躯，使得惠普似乎越来越迷失方向。

11.3　私有化才能动起来

　　2012年，戴尔公司似乎被民众的情绪所抛弃了。这是PC行业经常会遇到的苦恼。人们对戴尔营收占比65%的PC业务越来越看衰。公司在此项业务的市场份额出现了收缩，而咄咄逼人的亚洲制造商的竞争力则越发强劲。在2012年第三季度，戴尔在全球PC市场的市场份额已经降低到10.5%，戴尔公司越来越被视为是跟诺基亚一样的"古老企业"。

　　对业绩危机本能的反应，就是开展多元化经营。戴尔早已意识到这一点，一直在围绕业务的多元化转型而奋力推进。在过去的几年中，戴尔花费130亿美元，接连收购20多家公司，涉及存储器、手机等业务。其中的114亿美元现金，用于收购企业软件和解决方案业务。在戴尔的11万名员工中，有4.5万人都在服务部门。

　　市场对此的反应比较冷淡，依然将PC的标签硬贴给戴尔。戴尔的这些并购行动，反而加剧了市场的忧虑。人们担心这样的举措，会让戴尔更加远离既有的PC客户。雪上加霜的是，戴尔试图进入智能手机和平板电脑业务的尝试，也都以失败告终。

新的形态继续涌现。昔日的上网本已经消亡，但基于谷歌Chrome操作系统的Chromebook却被重新激活。从形态看，Chromebook简直就是上网本的翻版，但它解决了后者网上存储和快速传输的问题。这种笔记本电脑有一套完善的教育生态系统与谷歌的服务相对接，在储备了很多教育软件的同时，也便于学校进行管理。这使得它在欧、美、日市场非常流行，许多中学的学生往往是人手一台。

iPhone、iPad以及利润率较低的Chromebook的出现，让人担心会不断侵蚀戴尔公司的营收。而戴尔所选择的服务器和存储业务，则被认为是落后的硬件业务。即使此时北美的服务器有1/3是由戴尔制造的，但人们仍然对戴尔的股票没有信心，其市值也降低到200亿美元以下。移动互联网的民意传播有时是可怕而偏激的。再强大的公司，都很难抵挡网上的舆论攻伐。即使有明显的数据支撑，企业也难以抵挡一些毫无论据的论调。

市场的舆论一边倒，人们只关心戴尔在PC上的表现。低迷的股市，让戴尔的改革更加缩手缩脚。迈克尔·戴尔本人虽然看到了重塑组织结构、重振销售市场的机会，但却无能为力。公司季度业绩的披露，就如同波涛一般，稍有起伏，就会迅速引起股市的波动。企业家在面临低谷的时候，也无法在"分析师的严密注视之下"对公司进行变革。

戴尔只能选择退市，打响了异常艰难的"保卫创始人"之战。由于股市行情不好，一些激进投资者也并不看好戴尔的前景。被迈克尔·戴尔看成是"打到门口的野蛮人"的大股东，甚至试图甩掉他这位创始人。

2013年10月，戴尔以249亿美元完成私有化。公司私有化的最大好处是，运营者可以在无须提供季度盈利报告的情况下，大力推进公司变革。这对于企业走出危局尤其重要。戴尔终于可以快速决策，而无须考虑股价的短期波动。退市后的第一件事情，就是戴尔公司迅速地增加了1500名销售人员，面向中小型企业开辟新市场。面向中小型企业，与面向大客户、面向个人消费者，属于不同的销售流程。这也正是电脑销售复杂性的一个特点。而在细分市场，则需要一个系统的合力才能制胜，戴尔需要找回自己擅长的快速行动的法宝。

11.4 活成别人的样子？

戴尔并非固守自己直销的传统。2013年，在戴尔近600亿美元的销售额中，有超过14万个经销商，贡献了160亿美元❶。而在五年前，这个数字几乎可以忽略。戴尔以直销起家，如今通过经销商渠道销售似乎违背了这种本意。但联想的双重渠道策略已经重写了PC销售的规则，戴尔也不得不跟着进化。

而PC的结构也在发生变化。此时，笔记本电脑已经成为主流。它无法像台式机那样简单地进行定制，使得直销模式也颇为吃力。对PC企业而言，没有什么策略是一成不变的。每个企业的行动方案，都要融合竞争对手的策略。戴尔的变化，也让自己的基因大为改变。

此时的微软，正在与苹果和谷歌苦斗，为移动互联网的门票而战。被苹果手机直接逼成西山落日的诺基亚，与股市上同样表现失意的微软站在了一起。两位失势的巨头，都急于在苹果的iOS和谷歌的安卓系统之外，建立第三套操作系统，夺回移动互联网的阵地。

2013年9月，微软以72亿美元收购诺基亚的手机业

---

❶ 迈克尔·戴尔. 进无止境[M]. 毛大庆，译. 杭州：浙江教育出版社，2023:p347

务。微软将像苹果一样开始变得更加垂直整合。这是一个巨人迷失的季节。对于古老的霸主而言，它们正在戴上移动互联网的褪色王冠。微软或许希望像苹果一样活着，但在IT快速推进的时代，谁也活不成别人的样子。手机世界不需要第三套操作系统，微软不需要多久就会明白这一点。

这些最早引领PC崛起的老将们，正在分头扑火。戴尔陷入击败"资本界野蛮人"实现私有化的漩涡中无法自拔，惠普则在企业级服务与PC业务之间反复纠结。联想则恰好在最好的时机超越了二者。2013年第二季度，联想在全球的市场份额首次超过惠普，成为全球PC行业霸主。无论是硅谷车库文化的代表惠普，还是美国科技界传奇的戴尔，都败给了这家中国企业。联想在全球的每个战场都在一步一个脚印地追赶。

想要逆转行业周期，成为第一名是最安全的选择。但要持续穿越历史浪头，成为第一名也必然要面对多元化。多元化就像魔咒一样，悬在每家PC企业的头上。

全球没有任何一种与生产力相关的商品能够像PC一般在不同地区无差别使用。在任何一个地方，PC都能成为全球化派来的最成功的使者，即使区域文化鸿沟与审美差异陷阱，也无法阻碍其前行。本地品牌从来都很难独立生存。对于PC而言，国际化不是一个追求的目标，而是一个基本生存的门槛。

在后第一时代，联想也要建立新的护城河。在大批量的规模效应之外，联想也需要在全球范围内展开多元化的范围经济。戴尔、惠普的多元化之路，联想也躲不开。

12

云的冲击

　　云计算能成为一门大生意，似乎是一个意外。2015 年亚马逊亮出了这门惊人的生意经。每一次的科技浪潮都伴随着各个企业的快速集结，这一次是云的混战。

12.1 被隐藏的云

2014年，云计算突然在企业市场成为明星，许多企业开始了大规模向云迁移的旅程。

当年年底亚马逊的市值相比前一年，已经跌去20%，明显呈现衰退之势。而它在其他科技巨头眼里，也不够亮眼。微软刚刚卸任的CEO略带嘲讽地说："我的世界里，赚钱的生意才是真正的生意。可是，亚马逊不赚钱。"❶

然而2015年，整个形势发生了急剧的逆转。第一季度，在外界分析师的一再催促之下，亚马逊第一次公布了它的云计算平台AWS的季度收入，已经达到了15亿美元，约占亚马逊总收入的6.7%。一个惊人的潜力市场居然被雪藏起来，这让整个市场都感到震撼。人们很早就谈论云计算，却没有想到这可以成为一门如此大的生意。其实就在此前一年，亚马逊云开发者年度大会的主题就是"新常态"，强调一种新的算力模式已经成为一种常态。人们只是不愿意相信看不见的东西。

---

❶ 吴伯凡，王飞鹏. 新IT：从信息到智能的大转变[M]. 北京：机械工业出版社，2023:p147

亚马逊云计算服务的增长，颇具平民化色彩。它在无人关注的情况下逐渐生长。

2002年首次实现季度盈利的亚马逊，开始考虑通过接口程序，对第三方如出版商开放数据接口。这种利用网站内部数据对外服务的方式，开启了亚马逊网络服务之旅。这意味着亚马逊的研发投入在为自己服务的同时，也要提供给外部使用。外部企业的开发人员，可以通过AWS平台将亚马逊的许多独特功能接入到自己的网站上。这种看上去有一点乌托邦的"利他主义"意识，被热情的科技自由爱好者称为"可编程互联网"。

自有不凡的科技爱好者指出它的潜在价值，"亚马逊和谷歌的网站都是应用程序。但微软的成功反复表明一点，那就是平台策略将始终优于程序策略。如果其他公司利用你的平台创造价值，那么良性的平台优势将是真正的竞争优势。"[1]亚马逊似乎呈现了一点"平台策略"的影子。

然而这项应对第三方数据处理的工作，其难度远超亚马逊最初的想象，存储、计算和数据库样样都要涉及。亚马逊渐渐意识到，处理网络数据的基础设施的服务，也是一种热切的需求。为此，亚马逊开始加大投入，并将其变成一个常设项目进行推动。

2006年3月，亚马逊推动S3云存储服务，但行业无人关注。直到同年晚些时候其推出了弹性云计算EC2。EC2使得开发人员更容易进行网络计算，但它需要有存储业务同步支撑。这种协同联动的

---

❶ 宁向东，刘小华. 亚马逊编年史（1994—2020）[M]. 北京：中信出版集团，2021:p165

方式，大大激发了 S3 云存储服务的使用。

然而 EC2 引人瞩目的不是技术创新，而是与众不同的低价运营策略，为用户开出的每小时 10 美分的价格，远远低于行业设定的盈利线。亚马逊为这种新兴的商业力量选择了十分低调的进攻战术。亚马逊天生就是在低成本结构中成长壮大的，针对弹性云计算而采用的这种低成本、低利润的运营方式，构成了一种隐蔽的企业竞争力。高定价策略容易吸引 IBM、谷歌和微软的注意力，而低定价策略则容易吸引用户。亚马逊一开始就采取这种低空飞行的姿态，使得这些业务没有引起竞争对手的过多关注。

技术创新一开始引发的关注经常都是负面的。这种看上去对核心业务毫无帮助的巨大投入，一直受到华尔街的质疑。而亚马逊始终坚信这可以成为一种核心竞争力，这是对未来纯粹基于想象力的一种战略判断。而在亚马逊致股东的一封信中，当提到这棵小树苗的时候，仍然描述其使用用户是"面向软件研发者的新客户群体"。这个看上去小众的群体，已经拥有了 24 万注册开发者。

当 2008 年谷歌开始注意到这种隐形的武器时，亚马逊已有 18 万名开发者在为其云平台进行开发和服务❶。

等到谷歌推出自己的云服务时，已经是 2012 年。这期间，微软也看似漫不经心地推出了微软云服务平台 Azure，但成效甚微。亚马逊的低价策略，难免会让人感觉这门生意并不大。

在亚马逊漫长的成长过程中，已经建立了太多的通用服务，如弹性计算、关系型数据库、存储、网关、数据库引擎等。这些丰富

---

❶ 萨提亚·纳德拉. 刷新：重新发现商业与未来[M]. 北京：中信出版集团，2018:p57

的通用服务，构成了公有云真正的基础，也形成了让人望而生畏的护城河。

低价也是法宝。亚马逊公司创始人、首席执行官贝索斯于2015年在致股东的信中提到，云服务自诞生以来已经降价了51次。它的数据库引擎性能，相对于MySQL的典型配置提升了5倍，但价格却只有后者的十分之一。

互联网公司可以说是生于云的时代。阿里巴巴、亚马逊在面对"双十一""黑色星期五"这样的单日激增流量冲击的时候，需要具备弹性的云计算能力。起初这些算力只是自用，而随着将这些多余的算力租借出去，这门生意正在成为一个很好的商业模型。

云计算在一种不经意的零敲细打中成长，但也在一瞬间突然变得显著起来。亚马逊的业绩公开，使得这门生意形成了巨大的财富效应。人们开始确认云计算是一门具有巨大潜力的生意。它颠覆了用户使用IT的方式，一次性投入可以转变为随用随取的灵活计费方式。

这么好的商业模式，居然被忽视了。原来只是互联网内部应用的云计算，开始迅速转向外部的商业化，企业应用领域成为主战场。新的大规模云争夺开始了。

在亚马逊成功地隐藏了这个快速增长的业务的时候，微软还在为陷入移动互联网和智能手机业务的纠缠而苦恼。直到2014年，微软新上任的CEO纳德拉才找到机会推翻了前任围绕着移动互联网的战略布局。这个决定，意味着微软将要裁员近2万人。战略的失误，对微软形成了巨大的震荡。

智能手机的销量在快速增长，而PC的销量则在持续下滑。2014年第一季度全球PC出货量超过7000万台，而全球智能手机出货量则大约为3亿部。PC销量下滑，对微软来说是个坏消息。因为每少卖一台PC，意味着微软的特许使用费就会少一笔。围绕诺基亚手机打造第三个手机操作系统的战略，最终被微软放弃了。"移动优先，云优先"成为微软的新战略。

微软的第三战略业务被强制性建立起来。承担此重任的是服务器和工具部门（如SQL Server数据库），部门的职能则被直接改造成面向云的基础设施服务。实际上，这个部门原来也有类似云服务的"赤犬"项目，但却一直处于边缘化的状态。而现在，微软云战略则将这个项目变成公司主力的云服务平台Azure。

微软的组织架构也开始发生巨大的变化。以前，微软的业务是按照以产品线为中心进行组织的，例如操作系统、Office、搜索引擎等。而现在围绕云，微软建立了以服务导向为中心的组织。每个产品不再单独面对用户，而是在服务交付中心之下供用户选择。而所有产品，也都用云原生的方式来开发，在云端提供服务。

从战略制定到组织变革，都是围绕云而生的。微软所有的产品线，都在向Azure靠拢。Windows Azure的名称也改成了Microsoft Azure，这意味着微软已经放弃"视窗为中心"的策略，而紧紧拥抱云服务。各种软件都围绕云为中心而建立。Office 365变成网络化的订阅，成为跨平台的办公软件，而不再只围绕着传统PC操作系统。原来是付费才能完成Windows操作系统的升级，现在则可以限时免费升级。而全新开发的通信和协作平台Teams，则直接以Azure云为中心。为了带来更多云上的应用，微软还快速收购了游戏《我的世界》，通过游戏玩家扩大云上群体。这样的收购，连比尔·盖茨都没有看懂。然而，新的计算常态和新的商业传奇，需要刷新既有的战略逻辑。

虽然云的竞争已经白热化，但新的势力也在不起眼的角落浮现。这一年，致力于打造通用人工智能的OpenAI成立。OpenAI打算公布所有的研究成果，使人工智能成为人类共同的能力。新的科技狂热正在接踵而至。被谷歌收购的DeepMind，则更具有强烈耀眼的光环效应。DeepMind的生成式对抗网络GAN，已经可以同时训练两个神经网络：生成器和判别器。一个负责生成逼真的数据样本，另一个则负责区分真实样本和生成样本。有了这样惊人的实验室技术，谷歌笃信已经先人一步掌握了人工智能的船票，对于云计算的竞争也显得有些漫不经心，搜索、广告部门依然各行其是，因为它们太强大了。谷歌没有像微软那样全力折弯组织，全部塞入云计算的大箱子。前者想要人工智能，后者想要云计算。不同的战略判断，决定了它们今后在云计算市场的收获。

12.2 戴尔收购EMC

2015年戴尔以670亿美元收购了存储器巨头EMC，引发了行业的震动。EMC在中国的金融、银行、电信领域被人们广为熟知。

EMC的创始人正面临年龄过大的问题。然而更大的危机正在浮现，存储器巨头也面临市场的新规则。云计算的三个基石：计算、存储和网络，正在出现边界模糊、相互融合的局面。互联网企业不再单独考虑存储，而是将三者作为一个整体进行考量。这正是思科网络也曾经试图收购EMC的原因。没有服务器业务支撑的存储器，容易成为掉队的独狼。

更加合适的谈判者是惠普，计算与存储的合并更让人心安。但是，EMC未能实现与惠普的合并。惠普在收购即将完成的最后一刻，犯下了一个可怕的情绪上的错误。惠普的失误就是戴尔的机会。戴尔与EMC的业务高度互补，这对许多企业的数据中心而言，具有明显的优势。而戴尔最擅长的供应链优势，则使得EMC可以获得具有性价比的采购渠道，降低磁盘驱动器等组件的材料成本。

收购EMC，使得戴尔一举进入高端存储服务领域，有效地补充了此前所收购的低端存储业务。至此，戴尔可以提供完整的业务组合。其基础设施部门拥有服务器业务、EMC的存储业务以及虚拟化软件业务，可以向企业提供高毛利的云服务方案。而其PC业务部门，则可以带来充足的现金流。

2016年，合并后的戴尔总收入达到了730亿美元。但迈克尔·戴尔本人依然需要回答：戴尔公司到底是一个什么样的公司？

2017年在美国的一次国际科技头脑风暴大会上，面对《财富》杂志首席执行官关于戴尔公司的业务定位问题，迈克尔·戴尔的回答无法让前者满意。《财富》的想法可能代表了绝大多数人的想法，"以前戴尔电脑就是目录销售，下单之后，电脑就可以上门。可是现在戴尔什么都做，看上去像是'提供一切'的公司。"

那么，戴尔公司为什么非要坚持这种"有缺陷的表述"？

迈克尔·戴尔曾在2012年《财富》举办的同样会议上，试图向杂志总编解释戴尔公司不再是一家个人电脑公司。即使公司四项支柱业务尤其是服务业务被不厌其烦地解释，可对方最后还是问道："是我听觉出了问题，还是你压根没有提及个人电脑？"[1]几天之后，戴尔股价继续下跌，"戴尔等同于个人电脑，个人电脑正在消亡"开始继续扩散。这也导致了戴尔公司启动了私有化进程。

而到如今，如何简化戴尔公司业务的描述依然是一个难题，PC公司的多元化业务似乎是不可解释的。即使戴尔的非电脑业务已经接近50%，它依然无法摆脱被简单贴上PC电脑的标签。

---

[1] 迈克尔·戴尔. 进无止境[M]. 毛大庆，译. 杭州：浙江教育出版社，2023:p11

这些企业的业务基石是电脑，但它们真正的价值并非只有电脑本身。类似面向企业的服务，一直很难跟大众解释清楚。复杂而健康的生态组合，能够让企业保持穿越周期所需要的源源不断的动力。在数据大爆炸时代，人们需要PC来完成工作，而在视线之外的云端和机器的边缘端，则需要一套复杂的算力组合来支撑人们使用PC。

12.3 惠普的拆分

2014年，惠普公司迎来75岁的生日。但这家硅谷传奇公司却在此刻做出了令人伤感的决定，它宣布来年将要开始分拆公司。而在分拆行动之前，惠普需要处理移动互联网的各种遗产。2400项移动专利被卖给了高通，而包括2005年收购的在线照片分享软件Snapfish等在内的非核心业务资产则被出售。惠普正在简化日益膨胀的业务组合，为分拆做最后的清理工作。这一年，公司裁掉5.5万名员工。

2015年，惠普完成了历史上最大的拆分动作，个人电脑和打印机业务依然保留在惠普公司的名下。而新成立的慧与（HPE）公司，主要业务则是提供面向企业的解决方案，包括服务器、存储、网络、咨询和服务等。

这样的分拆策略，其实是四年前"短命"CEO留下的遗产。公司再一次激活了当初被否定的战略。惠普经常发生令人困惑的CEO周期错位现象：CEO会因为战略失误而离职，但这种战略将被后任者重新发扬光大并被证明是正确的。这种CEO周期与转型周期无法匹配的困境，显示了惠普作为一个老牌企业所具有的巨大惯性。只能缓慢地拐大弯，不能急转弯，成为这个巨大企业的特性。而多变的管理层，也使得企业很难保持战略的稳定性。

几年前看起来还是不可思议的分拆，现在则受到华尔街的欢迎。企业需要的IT解决方案和消费者在电子产品市场的需求显著不同。人们意识到，IT市场正在经历快速变化，三大趋势引领着这个时代：云计算、软件即服务（SaaS）模式和数据中心。惠普需要重新适应价值链被互联网巨头所把控的时代，这个情况并不比在PC时代被"Wintel"联盟所支配好多少。实际上，由于服务器的定制化，也导致PC与服务器的零部件在共性上越来越少，二者的协同效应也因此越来越低。如果战略清晰化，则可以使惠普集中精力于消费者市场，而慧与则专注于企业级市场的攻城略地。

戴尔收购EMC的时候，受到了惠普严厉的批评。现在戴尔公司也不会放过对惠普分拆决定的嘲讽，声称这种方式并不利于惠普的客户。相互释放的敌意，都是在趁着对方变局的时候，试图将对方的客户挖到自己的阵营。

惠普的分拆，确实迎合了部分股东的需要。喜欢保守和喜欢变革的投资者，形成两个阵营，各有自己的喜好。这两股声浪损害了惠普作为一个完整体的必要性。常人可以从公司前后矛盾的公开声明中，看到PC业务多元化带来的混乱。来自普通消费者、中小企业、大客户的多样化用户群，会给企业带来高度的复杂性。

这次是惠普多年分拆不断的历史上极其重要的一次。惠普多年来饱受业务多元化的困扰，总是在不断地向外剥离企业内部原生的业务。早在1992年，惠普就拥有多元化的产品组合：仪器、计算机产品（包括个人电脑和打印机）以及服务器，各自都有自己的组织模式和产品上市路线。然而，这些面向不同客户的产品，其研发周期也完全不同。多元化的产品组合，让惠普感到相当不适。惠普公司不知道如何定义自己：一家有计算机资产的设备公司，或者首先是一家计算机公司❶。

这样的"战略洁癖"，对于外人可能感到难以理解。为什么驾驭不同的多元化业务，会让惠普如此不安？为什么惠普无法建立像通用电气那样，开展不同业务都能数一数二的能力？

惠普的个人电脑和打印机业务，一直是通过零售渠道销售的，其中打印机业务最为赚钱。业务部门的办公地点位于美国爱达荷州博伊西市，远离惠普总部。而拥有小型机、工作站业务的惠普计算机系统公司，办公地点则位于靠近惠普总部的美国库伯蒂诺市。它秉持面向大企业进行销售的大客户销售风格，也是惠普公司收入最高的部门。两种不同的销售模式，可能才是造成销售文化无法一致的真正原因。电脑的销售模式具有非常强的复杂度，面向个人和面向企业需要完全不同的模式。能够同时成功驾驭两类销售模式并不容易。

惠普在1999年将仪器部门处理掉。而现在，也终于将服务器部门处理掉。多元化的业务，似乎总是让惠普感受到自己的战略的脆弱。无法同时驾驭消费者业务和企业业务，一直是惠普公司的战略软肋。

---

❶ 罗伯特 A. 伯格曼，韦伯·麦金尼，菲利普 E. 梅扎. 七次转型：硅谷巨人惠普的战略领导力[M]. 郑刚，郭艳婷，等译. 北京：机械工业出版社，2018:p127

在放弃移动互联网的同时，惠普也未能全力拥抱云服务。2014年惠普推出了公有云项目，并承诺投资10亿美元。但这些投入在日渐明朗的云计算市场微不足道。分拆后新成立的慧与公司，很快就宣布终止公有云项目，转而向混合云和私有云寻求发展。

在忙于分拆的同时，惠普也以30亿美元收购了无线网络公司Aruba，加强了与网络巨头思科的正面竞争。惠普在网络设备领域已经成为重要的供应商，对企业级移动解决方案也是志在必得。惠普软件的发展不温不火，硬件依然是它的主力产品。惠普70%的开发活动都是基于硬件设备的，这种硬件工程师的文化很难更改。而收购而来的软件业务，一直难以成为惠普筋骨的一部分。无论是2010年收购的安全软件ArcSight，还是2011年收购的SQL实时数据库，都无法让惠普在软件业务上有所作为。

这些业务都要由慧与来处理。而云计算正在蚕食这个新公司的软件活力。在云服务的时代，企业主要面对的不再是软件市场，而是云服务订阅。这种软件即服务模式，使得慧与的软件部门营收受到了严重挑战。2015年慧与软件部门净营收为36亿美元，反而低于分拆之前。很快，慧与也将在这个领域继续收缩。

12.4 并购的传奇

业务大调整对于大公司而言更难掉头，惠普干脆不掉头了，直接分拆。惠普在增长速度与体量规模之间选择了前者。而对于联想而言，速度和规模都想要，它认为规模也是速度的一部分。

惠普在大力简化业务，联想则需要寻找新的增长市场。相对于惠普在打印机、戴尔在服务器的丰富产品组合，联想必须尽快找到多元化的武器。

移动设备的兴起，使台式机和笔记本电脑的销量开始下滑。面对不利的市场形势，国际厂商纷纷做出调整，2014年年初索尼宣布出售自己的PC业务，三星也在退出欧洲市场。

中国计算机市场也进入了存量清盘阶段。整个行业都在面临利润率下滑的局面。2014年在中国大陆有160家电脑企业，整机企业不到100家，90%以上为代工企业。华硕分离出去的和硕和早年从宏碁分拆的纬创，其来自笔记本电脑业务的收入已不到总收入的一半。国内品牌整机企业除联想外，长城、海尔、清华同方等企业的产量都在迅速萎缩，并纷纷转向其他业务进行发展。联想则正在努力向移动业务、企业级市场和云服务方向进行业务转型。

这样的机会，在动荡的IT市场其实并不难找。每家企业都在云服务的时代进行调整，对于不同企业而言，对同一块业务的战略价值评估也许会完全不同。

x86服务器业务，成为IBM寻求出售的板块。对于拥有小型机、大型机、UNIX服务器和咨询服务业务的公司而言，IBM更迷恋云计算和认知战略。人工智能战略才是IBM攫取未来财富的重点。而随着互联网公司的数据中心机房变得越来越强大，服务器提供商的议价能力也越来越强。x86服务器这样的工业化标准机器，利润已经急剧下滑。IBM的战略业务特点，就是随时换掉脚下梯子最下面的一层踏板。从对x86服务器业务的买家筛选来看，对IBM PC有着成功合并经验的联想，自然是比较有吸引力的谈判对象。双方的并购谈判进行了近两年。此时正是浪潮集团x86服务器在国内飞速发展的时候，国内的云服务商如阿里、腾讯等也变得更加活跃。IBM的份额正在受到更多的挤压。在经过艰苦拉锯之后，IBM x86服务器业务与联想终于成功地合并。

对摩托罗拉手机业务的收购，是联想扩大业务的另一个板块。谷歌在2012年收购摩托罗拉，与其说是为了硬件，倒不如说是为了专利。谷歌需要为自己的安卓操作系统建立以专利池作为护城河的生态秩序。智能手机领域充斥着专利陷阱和竞争对手的诉讼攻击。开放的安卓系统，需要对抗流行且封闭的苹果iOS系统。在此前的一场竞逐破产的加拿大北电公司的收购战上，志在必得的谷歌意外地输给了苹果。这场堪称世纪大拍卖的最终成交价格，比原来预期高出了3倍。已经在移动互联网站稳脚跟的巨头们，都迫切需要加拿大北电公司在网络上的专利。这场失败使得谷歌转向新的战场，在仅仅10天的决策之后，就以129亿美元的惊人价格收购了摩托罗拉手机业务。然而，既有商业化的操作系统又有手机制造业务，自然是商家大忌，加上谷歌也并不擅长硬件制造业务，于是又很快做出调整，出售摩托罗拉的硬件制造业务。对于联想而言，摩托罗拉虽然与往日辉煌时期不可同日而语，然而它的专利依然非常有价值。而且摩托罗拉在北美洲、拉丁美洲等地的运营商网络，仍然十分健全。摩托罗拉只是需要疗伤。

2014年是联想历史上在全球化与多元化方面实现双重跨越的一年。一年内联想两次并购全球巨头，在中国企业发展史上也是一次传奇经历。它为联想带来荣耀的同时，也为联想带来了巨大的亏损包袱。联想需要证明自己有能力将接连亏损的业务板块重新拉回主轨道。

在以23亿美元收购x86服务器业务后，联想的企业级解决方案变得坚实起来。在全球价值超过400亿美元的市场中，成长为第三大供货商。

而以29亿美元收购摩托罗拉，则使联想获得了重要的专利储备。这使联想在已经熟悉的全球化市场有了坚实的后盾去巩固全球品牌价值。

现在，联想有了更多筹码，进行着一场平衡木游戏：在引领PC创新和开发PC之外的产品之间，在商用用户和个人消费群体之间，联想需要保持好双拳战略的优势，在进攻和防守之间调整姿态，从而在成熟市场和新兴市场中获取最大的利益。

有了这些组合，联想提出了"设备Device+"，希望将手机、平板电脑、云服务全部打通，用多元化的服务与用户连接。

如同戴尔、惠普在公有云的退却一样，联想对公有云保持了克制的收缩战略。但这些谨慎的态度被淹没在宏壮的旋律之中。2015年国内公有云的生意，已经开始膨胀起来。除了阿里、腾讯通过既有电商和社交业务，顺势而为建立了公有云的业务，令人印象深刻的还有浪潮集团和金山软件。浪潮集团投资100亿元建立数据中心。而金山软件也看到机会倾力而入，试图在公有云市场有所作为。华为的云服务也姗姗来迟，虽然很早就开始举办云计算大会，但华为真正成立云计算业务部，还是两年之后的事情。

在公司成立三十周年之际的2014年，联想希望能够在10年后，达成收入1000亿元的目标。

公有云的市场看上去大有作为，而联想则对其保持了克制。

13

新技术驾到

即使是颠覆性的IT技术浪潮，在行业里的接受度也不是一蹴而就的。在这个漫长的过程中，它需要一个戏剧性时刻，宣告自己从极客圈走向了大众视野。

13.1 人工智能的枪声与芯片赛跑

2016年谷歌公司的人工智能机器人AlphaGo，战胜了世界围棋冠军李世石，成功地将普通百姓的视线重新拉回到人工智能领域。很久以来，人们不曾看到这种被人工智能点燃的希望。围棋一向被认为深不可测，而AlphaGo却轻松突破了这一点。这是人工智能的重大技术突破。AlphaGo在跟来自韩国的世界冠军的第二赛第三十八步中，走出了让后者极其惊讶的一步。李世石整整思考了十分钟才决定下一步要怎么走。AlphaGo呈现的超然棋风，超越了人们的思维。AI已经呈现出革命性的力量。

然而它更大的突破是在于对人们心理上的影响。从1956年第一次达特茅斯人工智能会议以来，人工智能至少有三次被认为即将取得巨大突破，但最后都被证明不过是昙花一现。"又来了，AI的冬天"成为人们对于AI的普遍感受。

这一次，AlphaGo的胜利，打破了这种陈旧的印象。而AI的基础深度学习则受到了更多的关注，先驱者辛顿成功地为神经网络的普及打通了实战的经脉。

人们很快就发现，这一科技突破在很大程度上得益于图形处理器（GPU）的计算能力。GPU芯片内有很多小核心，与神经网络的大规模并行性原理非常相似。由于这种并行处理的算力需求持续增长，因此GPU成为执行深度学习算法的首选硬件，这也使得生产厂家英伟达开始变得炙手可热。

在过去相当长的一段时间，英伟达都是小众芯片厂商，生产的产品是定制化ASIC芯片的一种。而通用算力领域其实一直是英特尔的天下。

在英特尔创办六十多年的历史长河中，有三次重大挫败都发生在最近二十年内。

第一次是丢失移动互联网市场。英国安谋公司的前身也是一家电脑公司，公司曾希望通过与BBC电视台合作，开发低价教育电脑。由于用不起英特尔、摩托罗拉和美国NS生产的昂贵芯片，于是它自行开发了与英特尔x86不同的精简指令集RISC芯片。这种芯片使用的晶体管相对较少且功耗低，但在当时却并非主流。后来在苹果公司的支持下，安谋公司成立了。这家公司后来甚至连芯片都不做，只做与芯片设计的指令集相关的知识产权。一种独特的商业模式出现了，知识产权作为芯片设计商的上游，提供了更底层的处理器规范。而芯片产业则被进一步松绑，精细的专业化分工开始出现。

1993年安谋与德州仪器合作开发的ARM700处理器，为诺基亚手机展现了移动芯片的威力。这种低功耗芯片，开始在移动端不断发力。在苹果2007年引爆智能手机的时代之后，这个市场已经形成了完全不同于x86芯片结构的生态。被甩在生态之外的英特尔，几乎完全失去了移动芯片这个市场。

第二次是老对手AMD在AI芯片领域的弯道超车。1981年IBM为了保障第二货源，强制要求英特尔将技术开放给AMD。这给英特尔留下了一个踢不走、打不烂的铁头僧对手。尽管英特尔独占PC时代风头，但AMD还是在庞大的白牌市场中找到了自己的位置。

即使是大公司，除了戴尔，也都会给AMD留一些市场订单。AMD似乎一辈子都要注定喝"第二口汤"。但AMD是一个技术导向很强的公司，它在2003年推出首款64位处理器速龙，在高端性能PC方向拔得头筹。而英特尔与惠普联合开发的、与以前32位不兼容的64位安腾芯片却并不受欢迎。英特尔不得不吃回头草，修改设计，使其重新兼容32位。英特尔的失败也为AMD赢得了声誉。但这种胜利，被另外一种更具表现力的浪潮所淹没。这一年英特尔推出了支持移动通信的"迅驰"芯片，并将其视作PC发展史上最激动人心的里程碑。而好斗的AMD创始人则认为这不过是在搅浑"真正的创新"。AMD不喜欢英特尔垂直一体化的方式。而后者控制PC架构所有的组件，也被AMD认为是拙劣的阻碍创新的把戏。不拘一格的AMD创始人在回顾三十多年来与英特尔的竞争中提道："回顾过去，真不希望跟英特尔竞争。这是多么可怕的选择。但英特尔冒犯了公平竞争的游戏。英特尔自己不会改变，是竞争迫使它改变。对此AMD感到十分骄傲。"❶

但AMD更大的战略雄心，在于认可半导体专业化分工的价值。

---

❶ 方向前，方兴东. 挑战英特尔[M]. 北京：中国海关出版社，2004:p301

一个芯片制造工厂正在变得越来越昂贵，而专门做芯片代工的台积电则同样可以提供很好的芯片制造能力。英特尔则坚信一体化制造的整合设计制造模式，必须一直通过自有的芯片制造厂制造芯片。而AMD则决定放弃沉重的资产包袱，于2009年分拆出晶圆制造厂格罗方德，使得自己变成一个轻装上阵的芯片设计公司。这一战略决策，正好赶在半导体处于45纳米制程的切换点。此时荷兰阿斯麦的浸润式光刻机，赶超了佳能和尼康，成为全球最大的光刻机供应商。阿斯麦与台积电一起开创了推动芯片制程腾飞的双子星同辉的时代。

光刻机和晶圆代工，都进入了"独角戏"模式。AMD甚至不再单纯依赖从自家剥离出去的格罗方德代工厂，而是直接找台积电制造公司购买先进的芯片。这使得AMD的芯片发展速度开始加快，人工智能芯片的开发也得以加速推出。

英特尔的晶圆制造厂成为其巨大的负担。而没有制造之忧的AMD转型迅速。一体化整合已经支离破碎，专业化分工开始大放光芒。从2016年开始，AMD股市的表现已经呈现明显优于英特尔的趋势。在此前，AMD所有的挑衅都只能被看成是意气用事。而现在，人工智能新战场的开辟，终于给了AMD能正面与英特尔一决胜负的机会。

英特尔的第三次挫败源于图形处理器（GPU）。作为ASIC定制化芯片，GPU一直是小众市场。只有在游戏玩家需要图形处理加速显卡时，才会有英伟达的身影。英伟达很早就开始强调深度学习，并建立了通用计算平台CUDA。然而CUDA的应用场景依然是科学计算，适用于气候模拟、物理模拟、生物信息学等专业场景，与百姓大众无关。这与计算机以商用化作为开端如出一辙。现在，深度学习使得这壶正在加热的水突然沸腾起来。在这些专业技术人员之外，另外一个真切的商业需求也开始勃发。以比特币为代表的加密货币，其挖矿需求对GPU的普及也形成巨大的推动。2017年开始，比特币价格飙升。比特币挖矿机这种单一功能的计算机，使得英伟达芯片意外迎来了自己的发展机会。一明一暗的两股热浪，推动了GPU的大发展。而GPU的平行算法，简直就是为基于深度学习的人工智能所定制的。

AlphaGo的胜利是一声震耳欲聋的枪响，为AMD和英伟达的芯片发展发出了强烈的信号。2017年AMD不仅推出了高端的Ryzen处理器系列，也同时推出了面向高端图形处理市场的Vega GPU。英伟达和AMD进入了加速发展的通道，而英特尔似乎还在多元化的世界漫游，物联网和自动驾驶让英特尔有些分神了。

人工智能以一种娱乐的心态进入了人们的视野，但它在地平线之下、海洋深处的算力革命已经开始启动。人工智能点燃了算力的军备竞赛，而正在兴起的数字经济浪潮也让企业应接不暇。企业级的IT市场变得更加丰富多彩。IT行业的指针，正在悄悄转向。

13.2 战略概念种子与瑜伽组织

尽管 AlphaGo 在当时还看不出有何实用价值，但敏感的企业家已经从中感受到了远处依稀的 AI 光芒。对于联想而言，需要抓住这样的机会。2012—2016 年，PC 全球销量下滑，联想也不可避免。与此同时，全球数字化转型的浪潮也开始兴起，联想必须为未来确定新的战略方向。

从 2017 年开始，联想选择了 "All in AI" 的战略，在 2018 年明确了智能化转型，并在 2019 年确立了 3S 战略，即智能物联网（Smart IoT）、智能基础设施（Smart Infrastructure）和行业智能（Smart Verticals）。联想选择了多样性的包容战略，来延伸到企业的数字化转型浪潮中。企业端的变化成为重点。

然而这样的战略，并非总是能够一步到位。面对模糊的未来，联想的习惯方法是提出一个新的名词概念来吸引大家思考并形成共识。这种用于指引方向的"概念战略"，其实就是一个裂变的种子。它在可能前进的道路上，留下一个模糊的指路牌。随后，则需要依靠组织的灵活性和强大的执行力，来逐渐确立新的疆界。

联想在1992提出"家用电脑"的时候，行业里曾经嘲笑这个从未听说过的电脑类型。但这种"概念战略"，很快帮助联想找到了后续之路，推出了幸福之家、多媒体电脑、电脑1+1等围绕家用场景的PC产品。这使得联想快速脱颖而出，成为中国市场的佼佼者。

3S战略也是在尝试中逐渐定型的。从收购IBM的x86服务器和摩托罗拉手机业务之后，联想就试图寻找一个合适的战略骨架。一开始，联想提出了"Device+"和"以用户为中心"的理念。在设备上叠加软件、应用方案、行业解决方案，从而能让设备成为后续服务的起点。2017年，联想将服务业务重新整合，形成了新的事业部——联想服务，这是基于20多年来联想设备服务和IT运维服务的延伸。

AI的信念进一步拓展了探索的可能性，并成为联想研究院的重点方向。联想邀请了几家咨询公司，分别对AI可能应用的场景进行逐一对照，寻找所有可以落地的机会。

相对于企业战略而言，组织的成形反而容易滞后。一个容易被忽视的现象是：对于一个新组织而言，组织能力往往落后于组织架构。企业战略的下达速度往往很快，但是培养员工具备相对应的能力，则需要时间。

2019年，联想正式公布3S战略，每个业务板块都需要有相应的组织。从战略与组织匹配来看，三根支柱中有一根支柱的组织还没有匹配上。

这看上去是一个并不完美的组织结构，3S战略中的两个战略已经有成型的组织，但承接行业智能业务的组织却迟迟没有确立。人力资源部门被一再追问，为什么没有对应行业智能业务的组织？一个没有实际编制的组织，如何支撑战略的发展？

实际上，几乎每一年联想都有组织调整。

但是在3S战略的初期阶段，对于行业智能这个新生业务来说，业务体量太低而无法支撑庞大的组织。此前，联想以电脑、手机和基础设施三大业务板块为主。如果太早调整组织，成立的新组织并不确定能做什么，反而会拔苗助长，不利于新战略的实施。人力资源部门在这个时期的重点工作是辅助孵化组织能力，在各个部门强化培养行业智能能力。到了合适的时候，具有行业智能能力的组织就会破土而出。

IT组织的惯性，往往会损耗变革的力度。惠普CEO公开谈论两种业务的不同，PC和打印机业务是交易导向的消费者业务，而服务器和IT方案则是以解决方案为导向，二者销售模式不同。惠普显然没有认真研究过联想早在2004年就建立的两种混合策略：面向消费者的交易型和面向企业的客户关系型。当PC企业开始实现多元化、进军企业级市场时，这种混合销售的模式，很好地适应了企业级的业务。让惠普头疼的跨对象销售能力，在联想这里早已变成企业组织的一部分。只有柔软的瑜伽组织，才能随着业务的变化而完成组织的折叠与开合。

随着各个部门对方案服务能力的持续培养，以及在行业中的逐渐渗透，联想逐步滋养出可以面向行业提供的解决方案能力。两年之后，联想终于可以开始调整组织，成立联想的第三个业务兵团：方案服务业务集团（SSG）。随着员工业务能力灌注到整个组织之中，新的组织也终于成型。

对于联想而言，这是历史上一次重大的组织调整。它彻底摆脱了PC的骨架，为基础数据设施和软件方案服务，定义了全新的边界空间。联想明确地对外显示出它面向企业级业务的新骨骼。

在PC业务方面，联想与惠普、戴尔等老对手继续拼杀。在服务器及基础IT设施业务方面，联想与戴尔、慧与以及不断涌现的新面孔进行较量。而在方案服务业务方面，联想与戴尔、慧与的做法不同。后两者不愿参与这方面的竞争，这个市场传统上属于德勤等咨询公司。慧与已经开始大规模地简化这项业务，它将企业IT外包业务分拆出去，放弃这种账款周期过长的服务业务。

计算机正在迎来新的周期，而企业级市场变得比消费者市场要动荡得多。唯有不断地组织变形，才能迎接技术周期的变换。

14

耀眼的制造

当中国成为全球制造大国的时候，PC
的制造基地也终于在全球范围内不断地移
动后，扎根到了这里。这些看似不太起
眼的制造业务与广泛的民生有着直接的
关系。

14.1 大宗商品化的挑战

尽管 PC 行业的利润率经常显得很低，但其实它也具备大宗商品所具有的"现金牛"特性。与此同时，企业也会寻求多元化的布局，摆脱只是一个 PC 制造商的形象。多元化的业务会让企业变得更具增长潜力。

然而，无论企业如何描述自己的业务，PC 自身显然呈现了坚挺的一面，它在周期性的看衰声中，依然挺立。这种算力基础设施的大宗商品化，是大国惠及民众的一种能力。

大宗商品化并不一定意味着企业必然的衰落，只是这类企业要付出更大的代价。对于企业而言，应对行业的演变，比维持现有优势重要得多。

PC 行业尤其如此，建立可持续发展的策略和保持低成本的能力至关重要。低成本能力就像抗盐碱的海水稻一样，它可以在高挑战的环境下具有更强的生存能力。戴尔、联想、惠普等企业所呈现的抗跌性，展示了有效的长周期经营策略。它们在日本、德国企业都无法生存的 PC 世界里脱颖而出。在高速奔跑的 IT 行业中，企业家需要保持足够的警惕来抵抗工业标准化随时而来的风险。

然而企业的战略失能却频繁出现。而且一旦出现症状，就会呈现不可逆转的断崖式的损伤。没有任何一个行业能像计算机行业这样，一个企业会同时具有胜利者与失败者的双重面孔：DEC、王安、康柏、东芝电脑、索尼电脑。它们在生命的大部分时间都是科技巅峰上的创新明星，然后突然在最后短暂的几年迅速跌入悬崖。

它们都消亡在商品化的进程之中。许多企业无法响应IT行业的蜕变速度，原因在于用户端总是显得变化莫测。

对于一个行业由技术变化所呈现出的产品新鲜感，消费者保持着不同的敏感性。不同行业有不同的心跳速度，速度越快，消费者感受就越明显，也更容易产生购买的冲动。这种更新换代的周期，在手机消费市场表现得最为突出，PC次之，汽车则相对更慢。它也反映在各类产品的消费数量上，每年全球手机消费大约为12亿部，电脑约为2.7亿台，汽车约为9000万辆。这类大宗商品，都在为寻求低成本制造的基础上保持高性能而努力。这些不同的行业心跳速度，会使得企业形成心跳依赖性，从而很难跨行业进行组织生产。只有少数企业能够驾驭这一点。例如对于大部分手机企业而言，在手机行业拥有的制造优势，并不能快速复制到PC行业。

而对PC企业的挑战在于，要在严格控制投入成本的情况下创造可感知的差异化产品。

即使是大宗商品化的产品，依然有着可以细分的市场。ThinkPad是笔记本电脑的一个传奇，它留下了一种可靠、硬朗的形象，使得大中企业趋之若鹜。但它对于中小企业和年轻人而言，价格依然昂贵。一个外部看上去变化并不大的经典商品，如何吸引新的人群呢？

一种将ThinkPad年轻化的大胆而激进的主张开始出现了。

ThinkPad的产品价格基本在800美元以上，但是联想没有产品覆盖低于800美元的商用机市场。ThinkPad和Lenovo两个品牌之间有价位空档，这意味着ThinkPad的产品价格下不来，而Lenovo的产品价格上不去。

ThinkPad的使用人群有老年化倾向。这让ThinkPad团队有些担忧，却又很难对产品本身做更改。总不能将ThinkPad产品的经典黑，变成银色金属吧？一种妥协的方法是，单独再做一个ThinkPad产品，使之相对低价和年轻化。但是ThinkPad团队并不同意，担心品牌的档次被拉低。

除了年轻化，中小企业也是一个很特别的市场，它似乎是个人消费者和大企业之间的一个中间带。中小企业的创业进程带有很强的个人属性，所购买的电脑款式会呈现出购买者的意志。当员工发展到一定人数时，企业就会成立IT部门，又开始呈现对PC商务属性的需求。因此中小企业是一个中间连接市场，也更容易出现创新。

在这场关于经典品牌填充市场缝隙的艰难拉锯战中，一个围绕ThinkPad年轻化的ThinkBook团队组建起来。研发团队绝大部分的规范准则都按照ThinkPad的标准来执行，与此同时也制作了时尚质感十足的模型机，团队人员四处拜访公司全球大区的总经理们，陈述这款ThinkBook是如何覆盖ThinkPad所不能覆盖的价位段和年轻的商务人群的。

这个四处游说的项目，终于被通过了。

让这个看似冒险的项目从老成持重的决策流程中得以通过，并非只依靠大胆和游说。办公室的电脑采购方式也在发生巨大的变化。一种新的允许员工自带或者自选电脑的方式出现了。"自带电脑"（Bring Your Own Device，BYOD）使得大企业允许员工自行选择自己的电脑。这意味着企业的IT部门正在失去对设备的控制权。本来是商业采购的决策流程，如今又回到了个人采购的冲动性消费上。ThinkBook的年轻时尚，恰逢其时，赢得了一部分职场年轻人的心。

同时崛起的还有中国创业潮，大量年轻人和海归人士进入创业阵营，从而对PC形成了一种强烈的年轻化和商务化需求。主打商务性的ThinkBook迎合了这一点，相比其他品牌电脑，它的接口也最多，包括网口、HMI、USB等，甚至还有隐藏的USB插口。

2019年下半年，ThinkBook笔记本电脑开始销售，市场反应非常积极。这款产品销量很快就突破了1000万台。一个产品的成功，与时代潮流密不可分。通过价格矩阵的排列，结合时代涌动的情绪，联想ThinkBook品牌在商用年轻群体里发现了广阔的市场空间。它与YOGA、小新和拯救者这些以个人消费为主的品牌一起填充了人们的各种需求空间。

14.2 全球PC制造变迁

　　人们容易低估大规模制造PC的难度。PC制造业经历了几次巨大的变迁，最终落地中国扎根。

　　电脑制造技术最早是从美国进入的中国台湾地区。一家在美国做电脑设计制造的华人企业，在中国台湾地区成立了大众电脑，主要做电脑主机板业务。这成为中国台湾地区电脑制造的一支重要力量，很多电脑创业企业（如华硕、精英、微星、技嘉）的高管都是从这里走出去的。

　　这背后有着产业生态驱动力的力量。英特尔电脑主板技术的公开与标准化，推动了电脑代工制造的OEM模式。这是在芯片、操作系统等零部件之外，另外一种重要的专业化分工模式。英特尔为了推动x86芯片的发展，对电脑主板进行了标准化，建立了所谓的"公板"策略。各个PC厂家，只需要在英特尔公板上进行修改即可。

　　然而，随着PC商品的进一步标准化，成本高度敏感型的企业已经无法在中国台湾地区继续生存。1992年大众电脑开始前往深圳市光明区建立工厂，这个地区也成为今后深圳电脑产业的重要起源地。

联想从1993年开始就在北京上地信息基地建造了标准厂房，主要面向台式电脑开展业务。

到了笔记本电脑时代，原始设计制造商（ODM）模式的电脑产业分工，迎来了新篇章。这种模式是由电脑厂家提供标准板，各个电脑品牌商在此基础上进行各种修改。来自中国台湾地区的广达是笔记本电脑的最早一波代工者。在1998年经广达制造的笔记本电脑的出口量是100万台，占全球出口量的10%以上。当时，笔记本电脑的开发成本很高，因为面板、键盘的模具开发都很贵。而且很多都需要定制，难以形成规模效应。

品牌厂家独立进行设计和制造，是一个昂贵的选项。当时很多家电品牌涌入笔记本电脑行业，但都不得不借助广达这类公司的设计与制造能力。

2000年从宏碁分离出来的纬创以及仁宝，一开始便是在中国大陆地区发芽，并与大陆地区的PC产业一起成长的。这与大众电脑、广达电脑早期是伴随中国台湾地区产业的兴起有所不同。中国台湾地区的企业纷纷转到大陆地区设立工厂。这些工厂，往往还带着组团的供应链进驻。

全球都在向中国制造靠拢。与戴尔和惠普的外包制造不同，IBM完全是自有制造。在决定出售IBM PC业务的时候，IBM也开始在全球关停工厂，将资源和精力转移到深圳工厂。在关闭苏格兰工厂的时候，深圳的IBM员工，需要前去苏格兰工厂调研，确定哪些生产线需要搬过来、流程如何对接、产品如何转移等。在交谈过程中，对方团队强调了面向欧洲订单的复杂性。这些订单涉及多种不同的语言，且都是小批量订单。一种机型产品，就有成千上万个物料清单。欧洲工厂的一种产品对应152个国家和地区，资料、语言、键盘等都各有不同。言外之意，这些生产线很难搬迁。

关闭日本工厂的挑战更大。位于日本藤泽市的工厂，离IBM的大和实验室很近。大和实验室一直把真实产品的测试放到该工厂进行，由该工厂承接新产品的试产和量产。日本工厂中大多是五六十岁的经理和工程师，中国员工可以感受到年龄差带来的影响。在进行交接时，日本团队对质量的要求非常高，对流程也特别严谨。他们挑出了一些问题并向中方提出质疑。然而IBM公司的战略很清晰，一定要把工厂迁移到低成本的地区。在这些碰撞声中，日本的工厂也被拆除了。欧洲、日本、美国的产能，开始汇聚到中国深圳。

2010年之后，中国本土的供应链也开始崛起。这使得联想开始认真地考虑自有工厂制造。

此前联想的笔记本电脑销量由于比较小，因此在某家代工厂中，苹果、惠普都有专有楼房的生产线，而联想则要与一大堆其他品牌挤在一起，共享使用2号楼房的生产线。而且代工厂给联想的订单排产往往只在月初第一天或者月末最后一天，这种时间无论对销售还是财务账期，都是一种"别扭的时间"。然而代工厂的产能已经被苹果、惠普等大厂预定。对于每月只有1万~2万台产量的联想而言，只能是诸如月初第一天安排9000台，月末最后一天安排9000台。没有实力的厂家，即使选择代工，也难以获得黄金生产期。

后来，当联想每月有七万台产量的时候，订单才终于可以进入专有楼房的生产线。这种代工模式在当时是笔记本电脑行业的通用制造方式。惠普、戴尔的笔记本电脑都是通过ODM模式制造的，自己只进行运营和销售，而在设计产品和制造Know-How（技术诀窍）方面则依赖于外部力量。当时诸多的国产品牌，都是采用代工方式，由于没有自建工厂的投资压力，反而发展速度比较快。

对于崛起的中国品牌商而言，这种代工设计制造的劣势也很明显。整个供应链都缺乏一种主导权，也无法快速呼应用户的需求。

经过内部激烈的争论，联想决定要建立自有的生产基地，从制造中获得竞争力。2011年，联想在安徽省合肥市肥西县宋郢启动了开工动土仪式。与此同时，联想也加大在中国台湾地区的研发力量，以深入掌握笔记本电脑的研发设计。

笔记本电脑的研发与台式机的研发有很大不同，例如台式机的主板大小等全部由英特尔确定标准，只要机箱适合即可。但是，笔记本电脑没有被定义的标准，需要平衡用户需求、技术发展、价格、重量等，是一门取舍的艺术。而且这是一种硬磕到底的产品，需要自己研制主板。在这个过程中，与上游零部件企业的"嵌入式研发"必不可少，无论是跟英特尔、英伟达等大型企业，还是那些提供小部件的公司，涉及整个系统的供应商，都需要进行沟通。因此，建设研发和生产基地势在必行。

联宝（合肥）电子科技有限公司是联想最大的智能计算设备研发和制造基地。联宝成立之后，联想终于可以主导成本构成，使物料价格变得透明。之前联想无法计算物流、供应链管理、电容等价格成本，因为这些都是由纬创、仁宝跟日本的电阻电容企业接洽。

与此同时，联想有了独立自主研发能力，可以对新开发的产品进行保密，比如折叠屏笔记本电脑的设计等。

在这个基础上，联想已经在全球完成了产能布局，以充分的弹性适应全球化的销售政策。联想在日本拥有一个小的NEC生产基地；在匈牙利新建了工厂，生产服务器和台式机；在墨西哥拥有一个大型工厂生产服务器和台式机，产品面向美国和拉美市场；而在巴西开设的工厂则100%服务于巴西本地市场。

PC市场是一个只有进行全球化才能生存的市场。但即使全球化的赢家如TCL、海尔，依然无法在这个领域生存，只能在小众的游戏笔记本电脑市场留下一点影子。而手机品牌佼佼者如小米、Vivo也很难完全加入其中。PC的壁垒，比想象中要高得多。这与PC同时面向2B和2C两个渠道的双面特性有关。

随着手机在全球市场的饱和，中国PC制造正在迎来一支新的力量。以手机制造起家的闻泰、龙旗和华勤开始试图进军笔记本电脑的代工设计与制造。

对于这些成立20余年的手机制造商而言，要进入PC制造领域，仍然困难重重。手机和笔记本电脑的ARM架构协同有差异，复用程度并不高，尤其在软件层面，差异极大。即使联想在开发笔记本电脑的ARM架构时，会借鉴摩托罗拉手机制造的经验。然而这种可借鉴的硬件设计部分，可能只占不到20%。即使手机代工制造商熟悉ARM架构，也难以很好地融入Wintel联盟的架构体系中。

这对供应商提出了不同的要求。比如手机散热器的用量很多，但是设备生产半年后，可能就要开始准备更换机种；而PC散热器的用量很少，但是设备可以使用两三年，甚至更长时间。二者的商用逻辑完全不同，导致周期要求也完全不同。

在研发和制造端，PC与手机的生态也有着明显的不同。从研发端来看，PC的底层驱动都由Windows操作系统处理好，提供非开源环境。而手机的安卓系统属于开源式的，很多开放的接口需要企业自行开发。这形成了底层研发的多样性形态。从制造端而言，PC已经形成了一种刀尖上的舞蹈。经过多年沉淀，PC行业利润率已经很低。老手赚钱都已不太容易，对于新手而言更是要做好长期赔钱的准备。这就像是沙漠里的石碳酸灌木丛，它会形成一种酸性化学物质，使得周围的其他植物难以生存。

PC制造的转移浪潮还在继续。当下，一些PC产能转移到越南、印度、墨西哥等地。决定这一轮迁移的因素是供应链安全而非成本。而中国新生的PC制造力量在本土孵育的进程中被干扰，它们将要在本土之外迎接新的挑战。

14.3 尖峰制造：链主与城市

大众汽车在成都工厂的生产节拍不到1分钟，也就是一辆车在生产线各个环节上停留时间均不超过60秒。荣耀手机在深圳制造基地的生产节拍大约为30秒。而联想在合肥制造基地的生产节拍则为15秒。这家工厂每0.5秒就可以下线一台笔记本电脑，如同打响指般的速度。大规模快速制造是中国制造的核心竞争力之一。

经常被误读成"低端装配"的电脑制造，实际上其装配过程非常精密化。全球拥有规模化电脑生产线的国家并不多。当规模放大的时候，生产过程就会面临几何级增长的极限挑战。一个工厂的电脑产能是汽车的10倍，生产节拍是汽车的4倍。这意味着整条生产线要在更大规模、更快时间、更高精度下完成生产。

一台笔记本电脑里面，除了芯片这些必不可少的部件，仅辅料就有上百种。这些辅料包括导热硅胶缓冲垫圈、连接材料等。联宝工厂需要在一个小时之内，调度2000万颗物料。可类比的是，中国春运期间，交通系统每天都要在全国范围内完成3000万旅客的调度。这些物料从哪里来、在哪里停顿、何时上线、有无质量缺陷、何时下线，都需要有一个精密复杂的专业系统进行调配、分发、监控等工作。即使小到一颗螺丝钉出现问题，电脑都无法生产出来。

电脑制造其实是中国制造业核心竞争力的一类典型代表，除此之外的很多产业都呈现出这种"超大规模、超级离散、超快速度"的三超特征。对此，联想建立了一种"尖峰制造"的制造模式，从而在高度竞争的市场里站稳脚跟，成为全球份额第一。

评价一个大坝项目的优劣，主要就是观察洪水来临时大坝的抗洪能力。峰值的冲击，带来了惊人的破坏力，也是验证能力的时刻。对任何工厂而言，峰值订单来临时，就会是极大的挑战。在消费者多变需求的当下，"多品种、小批量、短时间"的订单交付已经是常态。小批量、短时间，意味着机器需要快速切换生产线。每次切换完成后，它又需要在最短时间内到达自己的峰值——不仅要速度，还要加速度。联宝科技也是如此，作为全球单体最大的笔记本电脑工厂，它可以看成是一个"885工厂"，每天能有8000多笔订单，其中80%的定制订单，订单量都少于5台。

为了应对这些挑战，联宝科技采用了"联想尖峰制造模式（LPM）"。这是一种既能短时间内应对产能急速拉升的挑战，又能在平时淡季期依然保持高经济性的制造模式。

LPM模式首先应对的是如何将订单任务部署到每个车间去。联宝每年需要应对300多种新产品。而这些产品采用不同的配置，产品类别可以达到20万种。如此庞大的多样化产品，还要以15秒的生产节拍完成生产，整个生产线都是密切合作、持续运作的繁忙状态。每天需要调动的3亿颗物料，大到显示屏、小到垫圈，都在系统之中安排好了快速移动路线，并且需要在正确的时间，准时出现在指定位置。

如此庞大的调度，需要靠联宝科技与联想研究院共同开发的"闪电"智能排产系统完成。该系统能识别47种制约因素，如是否需要拆单、是否有机器故障、人力是否到位等。工厂在高峰期内一天要完成20万台电脑的生产任务，而"闪电"可以在90分钟内完成18万笔订单的分解和排产，大幅压缩了以往靠人工进行排产的时间。"闪电"这样的智能排产系统，有效解决了多品种、小批量、短时间的生产挑战。

有了灵动的排产系统，还有另一个问题需要解决，那就是人员巨大波动形成的挑战。电子制造行业的现场员工就业，呈现出极大的流动性。联宝科技常备8000多名员工，在峰值生产时更是达到2万多人。一整年下来，会有约5万名员工来回流动。在人员的高流动性下，该如何实现产能的快速爬升和质量的稳如磐石？

起到稳定器作用的是一线车间里的班组长和线段长，他们是中国制造的重要腰部力量。他们起到了承上启下的作用，对上沟通，对下协调。面对不断切换的新人面孔，班组长一年下来，同样的新人培训课程可能要讲数十遍。尖峰制造模式下，每个软肋都要攻克。联想采用了"强人化"思维，围绕联宝科技500名班组长，开发了一套名为"玲珑塔"的直接劳动力管理系统。系统将所有人员的专业技能，进行数字化画像，然后跟每条生产线每个工位所需要的技能进行匹配。当生产计划确定之后，班组长可以依靠这个系统，在瞬间完成人员的调配。这些员工，会恰如其分地进入各自的岗位，特别是关键岗位一定是由技能熟练的员工在把守。当某一个订单是复杂产品的时候，这条生产线上将会出现更多的资深员工。

供应链的链主企业，在一座城市里的作用并非只是贡献GDP，同时也提供了民生岗位。

在联宝科技，供应链并非一个线性概念，而是采用了4小时供应链生态圈的概念。在这个4小时车程的方圆之地，包含了涵盖联宝工厂38%采购额的配套供应商，这些供应商涉及2万人的直接就业。如果从生态圈去看问题，那么供应商的能力就被视为圈层能力的一部分。于是，联宝科技供应链部门所要担负的，绝不仅仅是简单的采购工作，而是需要将自有制造能力进行外溢，提升供应商的制造能力。

尖峰制造展现了一种可伸展的能力，就像乐高积木一样，这也得益于行业供应商的支持。当戴尔、惠普一直采用英伟达、广达等代工生产方式的时候，联想则在合肥形成了扎根本土的制造能力，并带动了周边众多零部件供应商的发展。当联想成为全球最大的电脑制造商的时候，一批勇往直前的本土精密制造供应商也跟着同步成长起来。这些大大小小的供应商，组成了中国供应链的坚强基石。尖峰制造并非只是一种制造模式，也代表了一家企业与一座城市的共生关系。

15

智 能 化

此前，AI一直在希望之巅与失望之谷
中大起大落。但这一次，AI终于成为了生
产力变革的关键技术。AI与PC的结合也
因此让人分外期待。AI PC会是计算机发
展史上最重要的一次跃迁吗？

15.1 智能化的边界

  在智能化时代，每个企业都要做出选择。与戴尔、惠普不同，联想尝试了一条全新的路径。它在将智能化技术用于重塑筋骨的同时，也将其熔炼成了一门新业务的"武林绝学"。

  联想有着复杂的业务组合，涵盖PC、手机、平板电脑到基础设施建设、软件服务方案等。联想用一种"端边云网智"的新IT架构，来反映这种系统集成的逻辑。在这之中，云端服务以一种看不见的力量，改变了人们生活的形态，而终端则从来没有如此紧密地嵌入到人们的工作和生活中，工具已经成为人类情绪的一部分。"端"不再只是一种硬件形态，而是一种对生活的思维方式。而在"端"附近还需要拥有一种边缘计算的能力，使得"临近算力"可以有效地支撑"端"，而无需所有数据都接入到云端。实际上，未来75%的数据都将在边缘直接进行计算。

  在美国，零售商每年会因为失窃而造成上千亿美元的损失。在超市，传统的自助结账系统只是按照扫描标签来结账。这会导致有些顾客撕下5美元的标签，然后贴到一块价值55美元的牛肉上。结账系统往往无法识别这种作弊的状况。而采用端边计算的技术，可以用摄像头对结账物品进行扫描，并快速完成比对。这种高速实时的计算，顾客几乎感受不到。这种边缘端的计算，为广泛的零售商提供了严密的保护系统。并非所有的计算都需要上云端，然而端边云网的多设备协同，却是一项关键的技术。

联想在推动集团自身智能化的时候，开始意识到自身所经历的各种方案可以复制到其他企业。方案复用也可以成为一种智能化业务。

将IT技术变成一种企业级的系统能力，这一点对于联想而言并不陌生。多年以来，联想一直就是一个重度的IT使用者。从1998年实施ERP开始，联想就在持续打磨这种能力。

在收购IBM PC之后，联想付出了昂贵的学费。IBM丝丝入扣的严谨流程，为联想搭建统一平台带来了巨大的困难。直到收购后的第八年，联想十二个IT改造大项目中的最后一个，才正式成功上线[1]。IBM PC的IT系统，终于与联想的IT系统融为一体。

IT系统统一的艰难性正是企业并购难度的一个缩影。企业文化容易阻碍两个企业的交融，而IT系统则是横亘中间的一根硬骨头。

很多公司是采取"资本并购、独立运营"的方式，而联想则对每一次收购业务，都进行深度的融合，与原有业务全面整合，寻求规模经济和协同效应。业务运行自然离不开IT系统的整合。

联想的全球化进程离不开接连收购日本NEC、德国Medion，以

---

❶ 李鸿谷.联想涅槃：中国企业全球化教科书[M]. 北京：中信出版集团，2015:p285

及合并 IBM x86 服务器业务和摩托罗拉手机业务等。这一过程具有难以理解的复杂性。联想公司采购流程一度达 700 多个，这意味着要有 700 多个付款条件。而且联想账期还有诸如 31 天、35 天这种不规整的天数。这种毫无意义的复杂使得资金预测变得困难。

消化这些 IT 装备精良的全球精锐军团绝非易事。一个运转良好的 IT 系统，背后是一种根深蒂固的思维方式和一个运转有序的组织。而整合公司的过程，使联想成为 IT 系统大胃王，没有其消化不了的 IT 系统。在经历了包括 IBM 的 PC、服务器以及摩托罗拉手机业务在内的几次全方位的跨系统深度整合之后，联想彻底完成了系统的全球信息化，使得"一个联想"变得名副其实。

消化五花八门的 IT 系统，本身就是一个培养 IT 生产力信念的过程。从 2020 年开始，联想就在寻找将内部的解决方案向外延伸的机会，使其变成一种"内生外化"的服务。在推动集团加速上云的过程中，一种混合云方案自然而然地形成，并很快被一些企业大客户所接受。

企业的业务能力需要借助 IT 技术重新构建，这意味着首席信息官也需要有首席技术官的影子。在多变的数字化时代，IT 技术有着巨大的潜力，有待被重新激发。联想回应了这种市场的变化，将整个集团的 IT 部门并入到方案服务业务集团。这意味着，IT 从防守的工具，变成一种进攻的武器。而所有的底层技术，都将围绕 AI 赋能展开。首席信息官从一种向内审视的信息技术拥有者，变成一个具有向外竞争性视角的首席技术官。

15.2 AI 遇到 PC

2022年出现的聊天机器人 ChatGPT，成为历史上用户数量增长最快的应用。它在推出后的五天内就吸引了超过100万用户。而后在不到两个月的时间里，用户数量就增长到了1亿。这是人类历史上最大的一次群体同步狂欢。

这被看成是 AI 的一次重大胜利。乐观的情绪开始四处蔓延，每个领域都在寻找与 AI 结合的机会。AI 所展现出的能力，无论是内容撰写、文生图还是编程等，都极大地节省了人们的时间。而 PC 作为生产力工具，与 AI 技术有着先天性结合的优势。

AI 与 PC 合体的电脑 AI PC 激发了新的想象力。由于 AI 会主动对电脑里的数据进行阅读和理解，从而使得电脑开始有了灵性，正如管家进入房间进行整理一样。它不再是一台冷冰冰的机器，而是一个能听得懂你说话，能帮你整理文档，甚至能预测你需求的智能助手。从概念区分来讲，可以说是从电"算"真正成为电"脑"。这是一个基于个人数据自我演化的进程。

AI PC 展现了与人陪伴、共同成长的一面。人们从未碰到过这样的机器。

更重要的是，当PC开始理解主人的想法的时候，它是以数据存储形式进行的。这意味着，用一个数据片段来表达"一段思想流"是完全可能的。当年双螺旋DNA被提出来用于表达人类繁殖机制的物理模型时，几乎没有人能够接受这一点。然而，同样看上去难以置信的个人数字孪生，正开始在PC上孕育全新的胚胎。从这个角度看，严格的数据隐私权保护，将是推动AI日常化应用的关键一环。这些代表"思想流"的数据片段，只能在PC本地存储和管理，而不能托付到云上。确保数据隐私权，这让本地拥有"私人物品"的AI PC，成为最适合承接AI的一个产品。

然而，简单的设备仍然无法运行私有的个人大模型，这需要强大的计算能力。AI PC对硬件规格的要求，比以往任何时候都要高。在手机端占据垄断性地位的高通芯片，借助这个千载难逢的机会，试图进入PC端。紧追在后的是AMD，而英特尔在起跑时似乎又慢了一拍。

重金投入OpenAI而抢占市场先机的，依然是微软。微软专门推出新的Windows 12操作系统，内置算法到硬件上，提供实时的个性化服务，包括信息查询问答、工作文件协助、影音娱乐助理等。

硬件和软件都在争夺PC的内在控制权。而PC的外形则是最难以预料的。它取决于人机操作的方式是否会转向语音、手势甚至眼神。如果开始大幅度切换这些输入方式，那么PC外部形态将会经历自1981年IBM PC推出以来的最大变化。而这些形态的变化，将会使得PC的生态位经历一轮新的变化。

一种新智能体——虚拟助理开始出现。它提供了与人进行交互的主要入口。它将负责调用各种App、小程序，而无需将它们一个一个点开。

而在这背后，需要PC厂商做的还有很多。比如在云端训练的大模型总要回到桌面端完成本地推理。这些经过蒸馏、缩减而落地到本地的大模型，如何在PC上顺利运行，则需要厂商完成与硬件底层的适配。更重要的是，场景应用到底是什么样的，也需要PC厂商去探索。

联想以一个7B大小的模型为基础，在压缩处理之后，开始以PC为对象进行处理运算。基于模型、知识库与人机界面这三者的关系，CPU、独立显卡与集成显卡之间的关系也被重新调整。

当包括芯片行业在内的企业还在等待微软如何调用硬件来部署大模型落地的时候，联想已经提前一年对大模型进行密集的训练与调试。大模型如何在CPU、集成显卡或独立显卡上跑得更好更快，是PC在大模型运行上的技术难点。联想先人一步的实践，使得芯片公司能够了解到哪些指令需要调用芯片公司的何种能力。AMD、英特尔闻风而来，希望联想开放数据，让工程师们合署办公一起进行优化。在历史上只有极少数情况，是由主机厂商驱动芯片厂商进行研发工作的。

人们利用PC的三大主要场景分别是工作、学习和生活。这分别对应着生产力、知识价值和情绪价值。在学习和生活方面，PC和手机各具特点。然而在工作方面，大模型的引入使PC具备作为"最全场景的个人通用设备"的属性。

当AI成为一种确定性的时候，拥有PC能力确定性的企业，将有机会成为市场领先者。

15.3 服务器与网络的交叉

在整个2023年，大模型激发的AI热浪持续高涨，而大模型训练所需要的海量算力，也使得以GPU芯片为主的人工智能服务器变得无比抢手。GPU芯片巨头英伟达成为炙手可热的明星公司。早已在此领域布局的AMD也开始变得活跃起来，它们都抢走了昔日CPU霸王英特尔的风头。整个服务器市场因为人工智能而风起云涌。一般而言，数据中心的通用算力占主导地位的80%，人工智能算力只占20%。而在这一年，后者的占比提升到了45%。2023年，AI服务器在中国市场增长迅猛，其背后推动的力量正是芯片，于是一批全新的服务器面孔出现了。

同时，网络市场也异常活跃。2023年年底，在网络领域排名第五位的慧与宣布收购排名第四位的Juniper。Juniper在1996年成立的时候，正赶上互联网的热潮。它在互联网最繁荣的时候成为跟思科一样闪亮的明星。然而在数据中心时代，只有单一业务线的Juniper注定无法独立生存。

作为数据中心的三大支撑，计算服务器、存储和网络的界限已经变得模糊。每一种产品，都经历了激烈的碰撞。

早期互联网的数据中心多采用私有化网络部署，品牌交换机和程控交换机是市场活跃的主力军，这使得思科、华为、3COM、Juniper获得了高速的发展。但随着移动互联网的发展，互联网巨头们开始拥有大量的数据中心，使得传统私有网络无论在功能上还是在成本上都难以满足定制化的要求。

如同PC进入专业化分工一样，网络设备也开始走向标准化路线。一批新的开放网络公司，如直接采用英特尔芯片走工业化路由器路线的Arista，大大降低了网络的成本。而坚持走封闭式路线的思科，则开始露出颓势。2009年，思科的私有化路由器已经很难抵挡工业标准化产品的冲击，因此开始将网络与服务器业务结合起来，横向进入计算机业务，生产刀片服务器。

到了云计算时代，数据中心的服务器往往达到几十万台，甚至上百万台。这需要很强的网络优化管理能力，而互联网大厂数据中心的IT人员也有足够的能力完成对网络的部署。与此同时，网络在数据中心的重要性也逐步提升，过去认为网络成本只占分布式计算集群预算10%的时代已经一去不复返。随着AI技术的兴起，在现代AI集群的成本构成中，网络成本的比重甚至能达到20%。

如此庞大的设备与成本投入，足以使得有雄心的数据中心商绕开行业标准化产品，直接从网络、电源、存储等制造厂原厂进行采购，然后通过开源操作系统进行管理。这个"网络白盒化"的过程，使得原有的交换机和路由器的行业秩序被彻底打乱。思科模式、Juniper模式都开始失效。

计算服务器、网络设备进入白盒化，而数据中心自主研发的分布式存储也替代了原来的传统存储。由PC商品化所经历的从专属到平民的脚本，在服务器三大件的商用市场又重新上演了一遍。

这种网络、存储平权化的过程，也是高科技技术进一步从专有公司向一般公司扩散的过程。从商业市场的角度而言，单独的网络设备已经落单了，很容易成为草原狼群的猎物。同时拥有计算服务器、存储和网络的设备，有着更多的选择权。

慧与从拆分之后就开始缩水，而在其又相继分拆了服务、软件业务之后，从2017年开始，其市值一直在300亿美元上下浮动，处于水平调整期。

而慧与收购Juniper，正是为了强化网络服务市场，后者基于云的虚拟运维网络助手Mist AI系列，已经跟ChatGPT的大型语言模型（LLM）进行了很好的整合。这将推动慧与混合云拥有更好的人工智能原生网络解决方案，也将对思科、Arista等竞争对手形成冲击。

然而，这次并购也有着明显的防御性意味。老对手戴尔已经扩展了其电信产品线，而Juniper还是老牌的通信基础设施提供商，因此这次收购也让慧与进一步巩固了与电信运营商的关系。

在2023年，全球芯片巨头博通也如愿收购了戴尔的虚拟化资产VMware。这笔在2015年被戴尔鲸吞的大块资产，最终还是被转让出来。VMware也在经历着IT行业所带来的巨大动荡。在美国市场，公有云的发展已经非常完善。微软、亚马逊提供的成熟公有云市场，挤压了VMware虚拟化技术的市场容量。而对VMware软件而言，它需要各大服务器厂家从硬件层面开始进行兼容优化。考虑到

VMware 跟戴尔的所有权关系，使得其他与戴尔有竞争的服务器企业心存顾虑。而现在被博通收购，则可以打消其他服务器企业的顾虑。这不仅对 VMware 意味着更多机会，对于其他服务器厂商也是一个利好，更容易获得全栈的云解决方案。

　　PC 历史上惊心动魄的竞争，已经转移到企业级。这是大山另一边，一个不为人所熟知的战场。

16

永恒之火的个人计算

PC 是一个充满了历史光泽感的工具，它所折射出来的光线十分温润，而且看不到棱角。人们对它如此熟悉，以致容易淡忘。然而，当下这一刻，当人工智能与PC相遇，个人计算又有了全新的算法魔力。它就像是一团永恒的火苗，持续跳动。

16.1 计算力的周期

    在AI PC备受期待的当下，人们也很容易注意到PC产品是如此的"长寿"。尽管在算力发展的不同阶段，PC屡屡被看衰，但它却一直穿越周期向前。

    美国计算机工程师李·费尔斯坦是计算力量民主化的重要代表，他早在20世纪70年代就提到要"把计算机的力量赋予普通人"。而当时的计算机对于普通人而言，还是一种在有限场合才会接触到的产品。

    这种普通人所不熟悉的力量，很快以波澜壮阔的态势，进入了人们的日常生活。计算力的发展共经历了以下六个阶段：

    第一阶段是商用端的普及阶段。从大型主机到小型机、工作站再到高端PC。这一段时间，PC的个人力量并未呈现。推动其发展的主要动力是商业应用。

    第二阶段是消费端的普及阶段。有一股力量，要将电脑从商用端拉到消费者端。苹果Mac电脑就起到了这种教育和普及的作用。而IBM PC的兼容机，则将PC带入到一个工业化流水线的分工合作时代。

    第三阶段是互联网阶段。PC真正走向前台，网页的异地浏览性，呈现了一种内容平权的扩张。它让人们开始意识到PC的使用价值，PC更加广泛地进入家庭。互联网是PC最好的朋友。

第四阶段是移动互联网阶段。移动终端引发了广泛的社交热潮。平板电脑曾经作为取代PC的有力竞争对手，给PC行业带来了深深的忧虑。但最终PC依然显示了强劲的动力，它对IT周期的变迁呈现了惊人的对抗性。

第五阶段是云计算阶段。计算力的角逐又重新回到幕后。在远离消费者能够看到的大山背后，数据中心的发展开始如火山一般爆发。这些强大的数据中心需要海量的服务器，而这足以使PC制造商对其进行更大的妥协。

第六阶段是算力超级周期阶段。大模型的应用，象征着人工智能加速进入实用期。在这次人工智能浪潮的第一回合，大模型训练为超级算力做好了军事储备。而在进入第二回合大模型推理的阶段，大模型将会被重新裁剪成为推理小模型，重新回归PC端。PC与AI正式相遇，一股激发PC能量的因素终于出现了。

实际上，2015年OpenAI刚成立的时候，就收到了英伟达赠送的一台计算机，上面搭载了8块英伟达的GPU芯片。这个极富场景化的画面，打开了未来智能的大门，也彰显了PC作为生产力工具的奠基石价值：一切梦想从PC出发。

在人类掀起信息化、数智化革命浪潮的过程中，PC的表现从未让人失望过。它在不断尝试高技术创新突破的同时，也使这些技术走进了普罗大众的生活。芯片的更新会推动换机潮，而每一代芯片，都会根据频率、功率划分为更多档次，来满足细分市场的要求。同样，操作系统的体验性也至关重要，尤其是对于商用机的更换周期影响更大。当微软在2024年宣布，从2025年开始不再对2012年推出的Windows 8操作系统提供任何支持的时候，就会导致一次较大的换机潮。

在这些技术与市场的交替发展过程中，PC形态也在不断变迁，而这对于引发消费者购买兴趣至关重要。联想在2012年推出的Yoga电脑就采用了令人惊喜的屏幕反转设计。到了2020年，ThinkPad X1 Fold问世，其折叠屏与手机折叠屏截然不同，电脑折叠屏在空间上能够大面积展开，展现出如孔雀开屏般的惊艳效果。而在2022年，拉伸态的卷轴屏笔记本又横空出世。这种柔性屏幕与可变形结构的完美结合，构成了可升降的电脑屏，将PC的视觉体验推向了一个新的巅峰。

然而，PC的形态变化并非仅仅是硬件层面的革新，它还需要有相应的应用软件进行支撑。如果折叠屏没有配套的生态软件，那么其市场响应度必然会受到限制。同样，如何打通消费者体验，将手机和PC的操作系统进行无缝融合，也是厂家们一直在思考的重点。第一代Yoga电脑并未考虑操作系统的切换，但在产品推出的第二年，联想就尝试将安卓与Windows两套系统进行融合。尽管由于当时技术限制，效果并不理想，且微软和谷歌对此并不持鼓励态度。然而，到了2024年，联想的ThinkBook Hybrid电脑再次进行了这种尝试，推出了双操作系统混合版。当屏幕拔出时，是安卓版本；而合在一起时，则是Windows版本。这种设计实际上是将笔记本电脑看成是平板电脑和PC的组合，其形态变化能够激发不同的操作系统体验。

为了迎合消费者体验，PC厂商可以说是使出了浑身解数。但并非所有的这种努力都能得到消费者的认可。在电脑向消费者转型的时候，一些日本厂商通过细致的质量管控，将电脑做得非常精致，尤其是在小巧轻薄方面非常突出。但这种领先性并未换来消费者足够高的忠诚度，使得这些商品消失在了商品化的大潮中。当很多手机厂商也开始制造PC的时候，PC开始按照手机的精致程度发展。即使苹果PC的艺术性早已被证明是广受欢迎的，但苹果PC始终处于销售市场排名第四的状态。这意味着PC的制造，并非一个单纯靠精致化就能跑赢的市场。PC既面向消费者又面向商用的特征，会让很多品牌制造商难以应付。

可以说，对于PC的真正冲击，可能并不是硬件的精致化和艺术化，也不是软件的翻新，而是新生态的涌现。

PC头部排名前三的企业长期以来形成一种稳定的市场格局。在这个过程中，笔记本电脑变得更轻、更薄，CPU性能有了上百倍提升，但硬盘则被移动存储所替代。

而随着AI的发展，公有大模型开始形成私有的小模型，正在与PC相结合。AI PC正在带来令人兴奋的新力量。就底层技术而言，它正围绕在芯片、操作系统、大模型周围重新建立一个新的生态。

包括蒸汽机、PC在内的众多技术，平均每一项都在被发明的45年后才会被人类采用❶。很显然，新技术很早就进入赛道等候点名，但真正的挑战并非技术何时到来，而是在于技术被消费者所接受的

---

❶　萨提亚·纳德拉. 刷新：重新发现商业与未来[M]. 北京：中信出版集团，2018:p263

程度。而在 AI PC 来临的时刻，它需要穿越人的感知维度，进入希望之地。

在未来，量子计算机或许是 PC 的终极形态。然而未来的钢铁战士，现如今仍然是娇嫩的，因为它必须在超低温环境下免受"噪声"（射线、电子）干扰才能发展。

但这或许并非一个障碍。在三十年前，人们进入电脑微机室时还需要穿鞋套，就像进入洁净的生物实验室一样。之所以要进行这些充满仪式感的工作，是因为当时的电脑元器件都很脆弱，只能在恒温的空调室环境下才能良好运转。但规模化的生产很快提高了电脑的健壮性，它们从实验室走出来，在日常工作环境下不惧风寒。量子计算机也必将会拥有这样的商业化能力，它的成长离不开 AI 的鼎力相助。

PC 用了 35 年的时间才达到美国市场 75% 的普及率。这期间，整个行业的硬件与软件尝试过不下于 10 种操作系统，而最终收缩到 3 种。而智能手机达到这种深度的普及用了 20 年的时间，操作系统则只有两种。对于 AI 设备，估计可以在 10 年甚至更短的时间内，完成大模型的最终收敛。

PC 是容易令人误解的商品之一。在每个超级算力周期来临的时候，PC 就会被看衰，但真相却总是一次一次地反转。PC 成为一种穿越周期的硬通货，可以反复兑现。充足的 AI PC 算力不仅会继续成为工作的中心，或许还会成为一种家庭算力中心，为家用型智能提供一种数字基础设施。

尽管 PC 电脑令人激动的引领周期已过，但它的生命周期却远未结束，依然活跃异常。未来将是体感算力的世界，AI PC 或将颠覆现有的人机交互模式与人机关系的本质。用户与 AI PC 终端会形成一种复杂的"类伙伴"关系，而不是简单的生产者与生产工具之间的关系。作为个人通用计算平台，AI PC 将超越生产力工具，赋予机器陪伴的意义。

16.2　驾驭算力

随着人工智能的普及，各种自然语言、语音、手势都将成为 PC 的交互新手段，这些是否会大幅度地改变人们对算力的操纵方式？

多样化的计算形态，是人们对于计算力商品化的永恒探索。利用混合现实（MR）技术来实现的空间计算，是计算形态的一种全新尝试。在这里，人们用真实的体感，包括人们的手势和眼神，而非鼠标、键盘这些转换中介去操控世界。从微软游戏体感器 Kinect 到 Meta 公司的头显 HoloLens，也都力图让人体更多感官能借助计算的力量。

这种以体感控制的空间计算吸引了大量企业的加入。对于苹果而言，这种头显设备，也是苹果从数字多媒体播放器、手机、平板电脑、无线耳机到智能手表，历次重大新形态产品的一个延续。它们从各个角度，让更多感官参与了算力体验。这其中，平板电脑曾经负有替换掉 Mac 的使命，但却从来未能真正实现，因为前者难以承担复杂性的工作任务。而 PC 则通过多变的形态，找到了对抗平板电脑的信心。与 Vision Pro 相比，iPad

在一开始的使用中就承载了人们的高期望值而得以广泛流传。相对而言，2023年苹果推出的首款头戴式"空间计算"显示设备的产品体验并不足够好。现在它面临的问题，不是在多大的空间里取代平板电脑，而是在多长的时间里能够成为一款现象级产品。

在这些多元化的计算设备中，人与机器呈现了一种交叉驯化的过程。在PC发展史上，这种进程在键盘字母的布局上最为明显。当下大家使用的QWERTY键盘其实并非来自电脑，而是来自打字机。当时打字机采用粉墨带打印，常用的字母按键挨在一起容易相互纠缠，于是人们就将那些不常组合在一起的字母按键放在相邻的位置。这种上一代机器的不完美设计，驯化了人们的习惯。在电脑时代，人们的指尖记忆依然忠诚地留在过去。一种比QWERTY键盘更高效的Dvorak键盘，也就一直无法成功推广。

而键盘存在的意义，则有着另外更广阔的可能性。PC以其特有的角度和尺寸，似乎构建了一个提高生物学效率的工作空间。后倾的电脑屏幕与直立的人体上身，外加鼠标的边界，在人的双眼视野范围内构成了一个相对封闭的三维空间。当人们的注意力被集中在一个合适的"脑力空间"时，能量场的激荡就在这样一个最舒展的尺寸中得以展开，这是大脑最活跃的时刻。

如果从具身认知的角度而言，四肢也是大脑思考的一部分。人在工作过程中，并非只有四肢受大脑支配，面部表情等都是大脑思考的一部分。

从这个角度而言，PC不仅仅是生产力工具，也是人类思考过程中的一部分。鼠标的点击，与锁紧眉头、托起下巴等动作一样，也会加速思考的进程。脑力劳动需要两只手、两条臂的参与，而操作键盘和鼠标，也让人体全方位地参与了思考的过程。而手机、平板电脑只需要一只手甚至一根指头的参与，这并不符合人的思考逻辑。

换言之，人的思考活力，需要一个三维立体空间的支撑，才能包容手和臂。它用最舒展的方式让人作为一个整体参与了大脑的思考。而手机、平板的距离，都无法创造这样的"脑力空间"。

敲击键盘的过程，就构成了语义的连贯性。键盘的布局是一回事，而键盘的存在则是另外一回事。人们从有文字记录的甲骨文开始，就在锻炼一种指尖记忆。这超越了个人体验，而是一种集体记忆融入大脑，跨越了无数代人的历史。从这个意义讲，即使有再强大的自然语言交互界面，键盘的位置或许也很难被替代。

即使人工智能完全突破了自然语言，但它对PC形态的影响或许不会那么明显。考虑到电脑毕竟是生产力的工具，需要有强大而精准的交互，如果需要画图，就需要键盘或者鼠标的精准定位。即使使用触摸屏，人的手指指肚依然不如前两者那样精确。

PC、手机、平板电脑、机器人、混合现实的头显、汽车中心算力，每一种形态都凸显了无处不在的算力。算力就像水，能够依据各种容器的形状而呈现出多变的形态。人类的终极产品是无处不在的计算。汽车、音箱甚至浴室的花洒，都具备感知和对话能力，而最充足、最连续的算力，依然需要人的思考参与。PC在提供生产力工具的时候，也提供了最恰当的思考空间。PC与人的生理器官所构成的物理形态的"脑力空间"，或许正是适应了人类生产力的最基本需求。这也使得PC穿越周期而屹立不倒。

16.3 逆转周期的常青树

    PC产业在半个多世纪的旅程中，经历了信息时代和通信时代，并最终进入智能化的新纪元。从大型机与小型机时代、PC时代、网络时代，到互联网时代、移动互联网时代、云时代，再到生成式AI时代，每一次都会有新星璀璨升起，也会有旧星黯淡坠落。在超级算力大周期之下，少数产品成为常青树，少数企业得以逆转巨浪而穿越周期。

    PC产业保持了与全球IT行业的同步，也深受半导体行业专业化分工的影响。开放生态，远远胜出了垂直一体化的封闭性，后者只有苹果一家企业得以生存。苹果电脑构建了一个属于自己的封闭生态，从芯片、操作系统到应用软件，甚至包括上游为它代工的制造厂。

    苹果多年来在PC的市场份额一直在6%~8%之间，始终位居全球第四，这是一个极具吸引力的市场。2007年苹果发布第一代iPhone时，公司名称也从之前的"苹果电脑公司"，更名为"苹果公司"。很显然，Mac不再是苹果产品矩阵里的主角，但苹果电脑的技术创新也从未止步。2022年苹果发布一款外形酷似方石头的Mac电脑。它的芯片搭载了20核CPU和64核GPU。共集成了1140亿个晶体管，开启了人类芯片密集度的新篇章。

乔布斯的设计理念拓展了对建筑物形体轮廓的审美评价。他并不喜欢高高的塔式机箱耸立在电脑桌上，而倾向于小巧立方体的方块形主机。然而，设备小型化、迷你化的最大挑战，就是散热大户高性能芯片如何在狭小的空间里快速将大量热量散发出去。有的时候，可以借助风扇，而有的时候，空间小到连风扇都无立足之地。这是设计师向散热专家和制造专家提出的持续性难题。每一代的产品升级，首先就是一场散热效率的较量。PC发展的历史，在某种程度上，也是一场散热技术斗争的历史。

然而，全世界似乎只能容得下一个封闭生态，对于绝大多数企业而言，都是在横向专业化分工中的价值链上，有限地决定自己业务的范围。PC行业的整个世界，构建在两个公司的支点之上：英特尔的芯片和微软的操作系统。挑战这两个支点的企业，最后基本都出局了。IBM的芯片一直在进行着顽强的抵抗，它的Power芯片至今仍在小型机上使用，但只能面向小众市场的特定领域。

既然芯片和操作系统这两个最大的价值出口已经被封锁，那么不能推进全球化和多元化业务的电脑企业就很难生存。

全球化是PC企业存活的一个刚性门槛。电脑是全球化最彻底的商品，PC企业早已跨越了区域鸿沟，跨越了文化差异。PC行业没有给地方品牌留下太多空间。所有PC巨头公司，海外收入占比都在50%以上。慧与服务器业务总净收入的约67%来自美国以外的销售，惠普的这一比例约为65%，只有戴尔的比例稍低，约为50%。

全球化的存在方式，并非只体现在拥有跨多个国家的销售额上。联想在成为一家跨国公司的同时，也成为"新一代全球企业"：多元、互联、多中心的组织❶。构成联想企业文化的要素，不仅仅有中国和美国要素，各个国家的丰富要素都包含其中。正如在日本拥有的机构庞大的设计中心，在巴西、墨西哥、匈牙利等地拥有的工厂。联想前后经历了近十次大规模的并购案，这前后牵扯了诸多国家地区的多文化融合，难度远远超越了流程的统一。当不同语言、不同思维的人都能在一家公司协同工作的时候，多方融合的国际主义纽带也随之形成。并购不仅仅是打开了国际渠道，更重要的是相互融合，形成一个真正的整体。

多元化对 PC 企业而言似乎是一种宿命，只有何时进入的时机选择，而断无半途而废的可能。

戴尔经历了将上市公司私有化后再重新上市，惠普将 PC 业务与企业业务进行了拆分，联想则在不断地进行多元化布局。

当笔记本电脑兴起的时候，几乎所有企业都采用外包设计与制造的方式，而联想则坚持大规模投资生产制造基地。联想合肥生产制造基地的建成投产，某种意义上成为中国 PC 制造的分水岭。它将一种全球化漂移的 PC 制造能力，深深地嵌入中国本土。

中国单一市场为联想提供了战术上的纵深，使得它可以在全球化的既定大战略中，掌握一种变局的机动性。

联想是 IT 行业的一个精准定时器，每十年就会刷新一次，这种

---

❶ 乔健、康友兰. 东方遇到西方：联想国际化之路[M]. 北京：机械工业出版社，2015:p171

生物时钟使得联想的发展带有轮廓分明的成长节点。它的背后，则是一个大时代的崛起和算力周期的更替。

1984年到1993年是联想的第一个十年。全球化分工正在拉开序幕，PC行业的秩序正在剧烈地分化之中，而中国PC制造还没有正式登上舞台，代理国外PC品牌依然是重头戏。

而在1994年到2003年的第二个十年，联想确立了自有品牌在本地市场的根基。拥有一个本土化的大市场，带来了战略上的纵深。

从2004年到2013年，联想借助收购IBM PC业务的机会登上了全球的大舞台。全球PC品牌开始极度收缩，PC市场的竞争异常惨烈。在这一个十年结束的时候，中国PC制造成为全球第一。取得这样的成果，是一个消化全球文化差异性并建立全球包容性的过程。建立坚固的流程体系和统一的IT系统，使得联想能够从容面对下一个十年的浪潮——多元化。

最近十年，联想的业务不断拓展，包括了从PC、手机、平板电脑以及各种智能终端，到围绕计算、存储和网络的数字基础设施，再到软件并进入到解决方案和服务业务。这是围绕着各种形态而重新建立的计算力王国。

IT行业是推动时代进步的最激进的动力，它每一刻都在酝酿新的浪潮，让每一个收获到阶段性成果的企业都无法真正松一口气。在联想第五个十年的起点，PC行业或许会迎来最重要的一次机遇，那就是AI PC。如果给PC划分断代史，它或许需要两个篇章：PC1.0创世纪和PC2.0智能纪。在智能化这个时代，PC将在达到算力顶峰的时刻，提供新一代交互式的认知革命。而联想已经围绕AI强化了从口袋到云端的全栈计算力解决方案。

从一家本土企业成长为全球化、多元化的公司，联想40年的持续自我更新，在当下具有广泛的示范意义。

在计算经济的时代，计算力无处不在。代码驱动机器，信念激活组织。在激发更多的创造与创意的时候，PC企业需要不断寻找计算机器的灵魂。塑造人与机器的关系，催生使用者的创造活力，是企业的永恒话题。唯有如此，一家企业才能持续逆转周期，在每一座看似无路的山峰之下，穿越时间隧道。

参考文献
REFERENCES

[1] 尼古拉斯·卡尔.大转换：重连世界，从爱迪生到Google【M】.闫鲜宁，译.
    北京：中信出版集团，2016.

[2] 托尼·海依，奎利·帕佩.计算思维史话【M】.武传海，陈少芸，译.北京：
    人民邮电出版社，2020.

[3] 马丁·凯贝尔-凯利，威廉·阿斯普雷.计算机简史（第三版）【M】.蒋楠，
    译.北京：人民邮电出版社，2020.

[4] 戴维·帕卡德.惠普之道：美国合伙人的创业思维【M】.刘勇军，译.重庆：
    重庆出版社，2016.

[5] 保罗·弗赖伯格，迈克尔·斯韦因.硅谷之火：人与计算机的未来【M】.张
    华伟，编译.北京：中国华侨出版社，2014.

[6] 沃尔特·艾萨克森.埃隆·马斯克传【M】.孙思远，刘家琦，译.北京：中
    信出版社，2023.

[7] 封凯栋.潮起：中国创新型企业的诞生【M】.北京：人民大学出版社，2023.

[8] 比尔·盖茨.未来之路【M】.辜正坤，译.北京：北京大学出版社，1996.

[9] 迈克尔·戴尔.戴尔战略【M】.谢绮蓉，译.上海：上海远东出版社，1999.

[10] 施振荣.再造宏碁【M】.北京：中信出版社，2005.

[11] 罗伯特 A. 伯格曼，韦伯·麦金尼，菲利普 E. 梅扎.七次转型：硅谷巨人
    惠普的战略领导力【M】.郑刚，郭艳婷，等译.北京：机械工业出版社，
    2018.

[12] 内藤在正，威廉·霍尔斯坦.ThinkPad之道：无可替代的思考【M】.武上晖，译.成都：四川人民出版社，2017.

[13] 凌志军.联想风云录：关于一个人、一个企业和一个时代的记录【M】.北京：人民日报出版社，2011.

[14] 虞有澄.我看英特尔【M】.北京：生活·读书·新知三联书店，1995.

[15] 吴军.浪潮之巅【M】.北京：人民邮电出版社，2019.

[16] 卡莉·菲奥莉娜.勇敢抉择【M】.蒋旭峰，译著.北京：中信出版社，2009.

[17] 郭士纳.谁说大象不能跳舞【M】.张秀琴，音正权，译.北京：中信出版集团，2015.

[18] 迈克尔·戴尔.进无止境【M】.毛大庆，译.杭州：浙江教育出版社，2023.

[19] 史蒂夫·哈姆.完美竞技【M】.张晓林，乔燕，译.北京：中信出版集团，2010.

[20] 李鸿谷.联想涅槃：中国企业全球化教科书【M】.北京：中信出版集团，2015.

[21] 方向前，方兴东.挑战英特尔【M】北京：中国海关出版社，2004.

[22] 宁向东，刘小华.亚马逊编年史（1994—2020）【M】北京：中信出版集团，2021.

[23] 乔健、康友兰.东方遇到西方：联想国际化之路【M】.北京：机械工业出版社，2015.

[24] 张小平.再联想：联想国际化十年【M】.北京：机械工业出版社，2012.

[25] 吴伯凡，王飞鹏.新IT：从信息到智能的大转变【M】.北京：机械工业出版社，2023.

[26] 萨提亚·纳德拉.刷新：重新发现商业与未来【M】.北京：中信出版集团，2018.